令和五年度入学者選抜学力検査本試験問題

国語 (50分)

（配点）

1	2	3
30点	40点	30点

（注意事項）

1 問題冊子は指示があるまで開かないこと。
2 問題冊子は一ページから十八ページまである。検査開始の合図のあとで確かめること。
3 検査中に問題冊子の印刷不鮮明、ページの落丁・乱丁及び解答用紙の汚れ等に気づいた場合は、静かに手を高く挙げて監督者に知らせること。
4 解答用紙に氏名と受験番号を記入し、受験番号と一致したマーク部分を塗りつぶすこと。
5 解答には、必ず**HBの黒鉛筆**を使用すること。なお、解答用紙に必要事項が正しく記入されていない場合、または解答用紙に記載してある「マーク部分塗りつぶしの見本」のとおりにマーク部分が塗りつぶされていない場合は、解答が無効になることがある。
6 一つの解答欄に対して複数のマーク部分を塗りつぶしている場合、または指定された解答欄以外のマーク部分を塗りつぶしている場合は、有効な解答にはならない。
7 解答を訂正するときは、きれいに消して、消しくずを残さないこと。

国立高等専門学校

2023(R5) 国立高専
K 教英出版

1 次の文章を読んで、後の問いに答えよ。

ふつうは見逃されてしまうようなことでも、そこにある良さも悪さも見抜いてしまうのが道の人である。(注1)兼好が興味を持っていたもののひとつが馬乗りである。『徒然草』第一八五段には「城陸奥守泰盛は、双なき馬乗りなりけり。馬を引き出させけるに、足を揃へて、(注2)閾をゆらりと越ゆるを見ては『これは勇める馬なり。』とて、(注3)鞍を置き換へさせけり。」という。執権北条貞時の外祖父（母方の祖父）であった安達泰盛は、並ぶ者のない(1)馬乗りといわれ、馬が敷居をまたぐ[a]のを見るだけで「これは気[b]の立っている馬だ。」と他[c]の馬に替えさせた。逆に、足を伸ばしたまま敷居にぶつけるような馬は鈍い馬だとして乗らなかったという。「道を知らざらん人、かばかり恐れなんや（道を知らないような人は、これほど用心するだろうか）。」とあり、道について深く知っているからこそ、これほどまでに用心する[d]のだということである。第一八六段には「吉田と申す馬乗り」がその道の秘訣を述べる。

　吉田と申す馬乗りの申し侍りしは「馬毎にこはきものなり。人の力、争ふべからずと知るべし。乗るべき馬をば、先づよく見て、強き所弱き所を知るべし。次に、(注4)轡・鞍の具に、危ふき事やあると見て、心にかかる事あらば、その馬を馳すべからず。この用意を忘れざるを馬乗りとは申すなり。これ秘蔵の事なり。」と申しき。

馬はどれでも①ゴウ情なものであり、人の力はこれと争うことができないと知らねばならない。乗ることになっている馬を、何よりもよく観察して強いところ弱いところを知るのがよい。次に、轡・鞍など道具に危ない所はないか点検し、気になるところがあればその馬を走らせてはならないという。けっして難しいことをいっているのではなく、ごく当たり前のこと、誰にでもできることを弁え、自然に行動に移せるかどうかというのが、(2)「馬乗り」の馬乗りたるところであり、それがほんとうの道を知ることなのである。

このようにして馬をよく見、その特徴をとらえるということができないで、不用意に馬に乗る者は落馬する。本人はわかっていなくとも、その道に心得のある人は予めその不運を見抜いてしまう。第一四五段では、

　御随身秦重躬、北面の下野入道信願を、「落馬の相ある人なり。よくよく慎み給へ。」といひけるを、いと真しからず思ひけるに、信願馬より落ちて死ににけり。道に長じぬる一言、神の如しと人思へり。さて、「いかなる相ぞ。」と人の問ひければ、「極めて桃尻にして、沛艾の馬を好みしかば、此相を負ほせ侍りき。いつかは申し誤りたる。」とぞ言ひける。

道に長じた者の的確な見極めを人々は不思議だ「神の如し」だと思ったが、「落馬の相」を読み取ったのは単なる見込みでもなければ当て推量でもない。(3)きわめて合理的な判断に基づいている。それは、「桃尻」、馬の鞍に尻の据わりの悪い人と、「沛艾の馬」、気の荒い馬という両者のもともとの不適合が、落馬という当然の成り行きになることを体験的に知っていたからである。どういうときに人間は過ちを犯すかということを、道の名人といわれる人は見抜く目をもっている。

第一〇九段では「高名の木のぼり」と世間でいわれていた男が、人に指図して高い木にのぼらせて木の枝を切らせたときに、非常に危なそうに見える間は何もいわないで、家の軒先の高さまで降りてきたときになってやっと、「過ちすな。心して降りよ。」とことばをかけた。そういわれた人が「かばかりになりては、飛び降るとも降りなん。如何（いか）にかく言ふぞ。」、これくらいになったからには、飛び降りても降りられるだろう、どうしてそんなことをいうのか、と尋ねると、「その事に候（そうろ）ふ。目くるめき、枝危ふきほどは、己（おの）れが恐れ侍れば、申さず。過ちは、安き所になりて、必ず仕（つかまつ）る事に候ふ。」と答えた。眼（め）が回るような高い所、枝が今にも折れそうな所は本人が自（おの）ずと恐れ注意を払っているからいう必要がない。しかし過ちは安全と思われるところになって必ずしでかしてしまうものであるという。兼好は、こういう名人、達人とされる人のことばは、その身分は低くとも(4)聖人の戒めに適（かな）っていると共感している。道の名人は何を見ているのか、そこに見える真実とは、失敗は油断から生まれるという当たり前のことを、まさに当たり前のこととして受けとめ、自然とそれが行動となってあらわれる、無理のないあり方であるともいえる。

いずれにせよ、道の真実を知っているがゆえに敬われる人たちのことばは、計り知れぬ深さがその背後には感じられる。専門家は、その道の本質をつかんでいるが故に、かえってダイナミックなものの見方ができる。そこに合理性もあり、力動性もある。それはどの道においてもいえる。第一一〇段では、（注5）双六（すごろく）の上手といわれる人に、その方法を聞いたところ、その答えは、「勝たんと打つべからず。負けじと打つべきなり。いづれの手か疾（と）く負けぬべきと案じて、その手を使はずして、一目なりとも、おそく負くべき手につくべし。」勝とうと思って打ってはいけない。負けまいと思って打つのがよい。どの手がきっと早く負けるだろうかと考えて、その手を使わないで、たとい一目でも遅く負けると推測される手に従うべきだという。勝とう勝とうと気持ちが前へ出るときすでに欲に捕らわれている。負けまいと思えるのは余裕があるからである。むしろ、勝ち負けに強くこだわるために自らを失うということがない冷静さを身につけよといっているように思われる。このように慎重にことを運ぶことは、生き方としては消極的に見えるかもしれない。しかし、ここで兼好が考えようとしているのは、この(5)あえてしないということのうちに積極性があるということである。

無為とは何もしないということではない。仮に何もしないようなかたちを取ることがあったとしても、必ずそこに積極性が生まれている。道の人はそのことを知っている。天地自然のはたらきに②カン髪を入れずぴったり即して生きることは、③世ゾク世界に「無用」であり続けることが、同時にそのはたらきのきまり、すじみちに（注6）通暁（つうぎょう）することに通じる。第一二六段では、

（注7）博打（ばくち）の負け極まりて、残りなく打ち入れんとせんにあひては、打つべからず。立ち返り、続けて勝つべき時の至れるとしるべし。その時を知るを、よき博打といふなり。

ということばを挙げている。博打打ちもまた道を知れる者であって、多年の経験から運命の定めるところを知っている。無為のところに引き絞られた力は必ず④攻セイへと転ずる時を待っている。そのことがわかるかどうかは、外形に捕らわれないで本質を見抜く目を持っているかどうかで決まる。そ

れに気づくためには、謙虚さがなければならない。

その(6)「一道に携はる人」の心得を説いたのが第一六七段である。

我が智を取り出でて、人に争ふは、角ある物の角を傾け、牙あるものの牙をかみ出だす類なり。人としては善に誇らず、物と争はざるを徳とす。
他にまさることのあるは大いなる失なり。

という。自分の智恵を持ち出して自分がすぐれていることを自慢する気持ちで争うのはよくない。家柄の高さにせよ才芸の優秀さにせよ、自分が勝っていると思って相手を見下すその内心のありようが、すでに「とが」つまり欠点となっている。

をこにも見え、人にもいひ消たれ、禍を招くは、ただこの慢心なり。一道にもまことに長じぬる人は、みづから明らかにその非を知る故に、志常に満たずして、終に物に誇る事なし。

本人がどんなにすぐれていると思っていても他人から見ると馬鹿らしく見え、わざわいを招くのはまさにこの慢心であるという。道の人はそれを知っており、けっして自分が完全であるなどとは思わない。むしろ、自らを持たざる者として位置づけ、その人なりのあえて何もしない「無為」を貫くのである。それは意識してできることではなく、道の追究において身につくものであり、それは、現世にいながら現世を超える自在さとなるだろう。兼好はそこに人間観としての無為の積極性を見いだしているように思われる。

（藤本成男『徒然草のつれづれと無為』による）

（注1）兼好＝鎌倉末期の歌人、随筆家で『徒然草』の著者。　（注2）閾＝門の内外を区切る境の木。敷居。

（注3）鞍＝人が乗りやすいように馬などの背につける道具。　（注4）轡＝手綱をつけるために、馬の口にかませる金具。

（注5）双六＝盤と二個のサイコロ、黒白の駒を使って二人で行う遊戯。賭け事にも用いた。

（注6）通暁する＝あることについて詳しく知っている。　（注7）博打（を打つ）＝賭け事（をする）。「博打打ち」は博打で生計を立てる人。

問1　本文中の、①ゴウ情、②カン髪を入れず、③世ゾク、④攻セイ　のカタカナ部分の漢字表記として適当なものを、それぞれアからエまでの中から一つ選べ。

①ゴウ情　ア 業　イ 豪　ウ 合　エ 強
②カン髪を入れず　ア 巻　イ 感　ウ 間　エ 完
③世ゾク　ア 族　イ 俗　ウ 続　エ 属
④攻セイ　ア 制　イ 成　ウ 正　エ 勢

問2　本文中の、並ぶ者のない(1)と同じ意味用法の「の」を、本文中のaからdまでの中から一つ選べ。

a　またぐのを見る　b　気の立っている　c　他の馬に　d　用心するのだ

問3　本文中に、(2)「馬乗り」の馬乗りたるところ　とあるが、「吉田と申す馬乗り」が述べている馬乗りの心得の説明として最も適当なものを、次のアからエまでの中から一つ選べ。

ア　自分が乗ろうとしている馬をよく見てその気性を把握したり、馬具などで気にかかる点があれば馬を走らせないようにしたりするなど、当然のことをよく理解し自然に行動できる。

イ　人の力は馬の力には到底及ばないと知ったうえで、自分が乗ることになっている馬を観察しながらよい部分を見極め、その馬の能力のすべてを引き出せるよう自然に行動できる。

ウ　轡や鞍などを装着したときの反応によってそれぞれの馬の気性を知ることができるので、馬具の状態をよく確認することを通じて、馬のよしあしを自然に見抜けるようになる。

エ　人は馬の真の力に勝つことができないということをよく知り、自分が乗る馬の強いところ弱いところの両面を十分見極めることによって、馬のよしあしを自然に見抜けるようになる。

問4　本文中に、(3)きわめて合理的な判断　とあるが、どういうことか。その説明として最も適当なものを、次のアからエまでの中から一つ選べ。

ア　馬の体格に自分の性格を合わせられない人は落馬するということを、体験的に知ったうえで下す判断。

イ　人の体つきと馬の気性の組み合わせが悪いと落馬するということを、体験的に知ったうえで下す判断。

ウ　その日の馬の状態を正確に把握できない人は落馬するということを、体験的に知ったうえで下す判断。

エ　どんなに有能な人でも気性が荒い馬に乗ると落馬するということを、体験的に知ったうえで下す判断。

問5　本文中に、(4)聖人の戒めに適っている　とあるが、どういうことか。その説明として最も適当なものを、次のアからエまでの中から一つ選べ。

ア　低いところまで降りてきた弟子に声をかけた「高名の木のぼり」の言動は、屋外では予想外の出来事が起きるという当たり前のことを当たり前のこととして受けとめ、それが自然に行動に移されたもので、聖人の教えをよく理解したものである。

イ　油断しそうな弟子の性格を見抜き適切に声をかけた「高名の木のぼり」の言動は、才能のないものは失敗するという当たり前のことを当たり前のこととして受けとめ、それが自然に行動に移されたもので、聖人の教えと異なるものである。

ウ　安全な高さまで弟子が降りてきたところで声をかけた「高名の木のぼり」の言動は、失敗は油断から生まれるという当たり前のことを当たり前のこととして受けとめ、それが自然に行動に移されたもので、聖人の教えに通じるものである。

エ　弟子が安全な高さまで降りたときに声をかけた「高名の木のぼり」の言動は、常に細心の注意を払って行動するという当たり前のことを当たり前のこととして受けとめ、それが自然に行動に移されたもので、聖人の教えを踏まえたものである。

問6　本文中に、(5)あえてしないということのうちに積極性がある　とあるが、どういうことか。その説明として最も適当なものを、次の**ア**から**エ**までの中から一つ選べ。

ア　あえて慎重に振る舞い、一見行動していないように見えても、実際は適切な折をとらえてうまくことを運べる機会が来るのを待っている。

イ　あえて勝ち負けを無視し、一見勝敗を気にしないように見えても、実際は自然の法則を分析しつつ勝負に出る機会が来るのを待っている。

ウ　あえて大胆な行動を控え、一見我慢しているように見えても、実際は成功に強くこだわり競争相手に打ち勝つ機会が来るのを待っている。

エ　あえて合理的に考え、一見冷徹に計算しているように見えても、実際は心の余裕を保つことで最後に成功する機会が来るのを待っている。

問7　本文中に、(6)「一道に携はる人」の心得　とあるが、どのようなものか。その説明として最も適当なものを、次の**ア**から**エ**までの中から一つ選べ。

ア　自分が他人より優れていると思うことがかえって自分の弱点を見抜かれたり他人に陥れられたりする要因になることを重く受けとめ、どんなときも自分が冷静でいられる道を追究すること。

イ　自分が他人より優れていると思うことが他人から攻撃されたり嫉妬されたりする原因になることをよく知っていて、他人の言動をよく見極め、他人と争うことを避けつつ道を追究すること。

ウ　自分が他人より優れていると思うことがわざわいを招くもととなることをよく知っていて、どのようなときも慎み深く振る舞うとともに、今の自分に満足することなく道を追究すること。

エ　自分が他人より優れていると思うことがわざわいを招くもととなることを経験的に理解しており、どのようなときも他人を尊重するよう心がけて、すべての人と調和する道を追究すること。

2

次の文章を読んで、後の問いに答えよ。

数十年周期での大きな気候変動が起きたときに、しばしば大きな飢饉（ききん）や社会の騒乱が起きるが、その背景にはどのようなメカニズムがあるのであろうか。ここでは簡単な概念図を示して一つの思考実験をしてみたい。

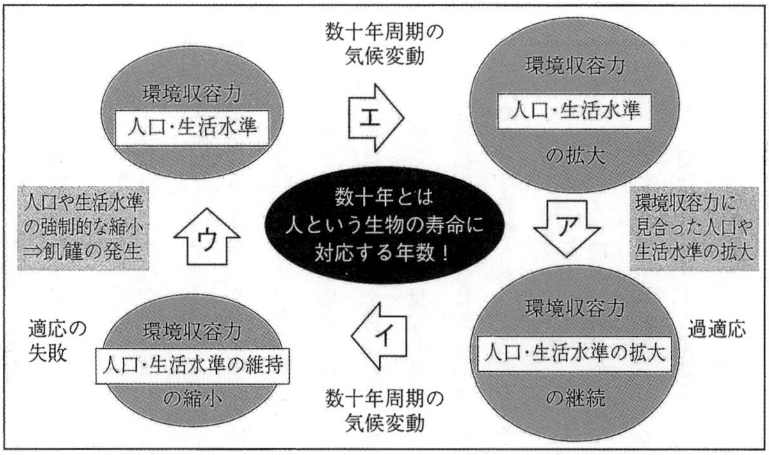

数十年とは人という生物の寿命に対応する年数！

環境収容力 人口・生活水準

数十年周期の気候変動

エ

環境収容力 人口・生活水準 の拡大

ア

環境収容力に見合った人口や生活水準の拡大

過適応

環境収容力 人口・生活水準の拡大 の継続

イ

数十年周期の気候変動

適応の失敗

環境収容力 人口・生活水準の維持 の縮小

ウ

人口や生活水準の強制的な縮小⇒飢饉の発生

図1

図1は、前近代[注1]の農業社会を念頭に置いて、農業生産に影響を与えるような数十年周期の大きな気候変動が起きたときに社会に何が起こるかを想像したものである。どのような社会もそうであるが、その社会を構成する人々の人口や平均的な生活水準は、その社会を取り巻く環境の収容力、具体的には[(1)]その地域の農業生産量などが許容する範囲内に収まっている必要がある。現在の地球環境問題では、地球の人々の総人口や平均的な生活水準が地球の環境収容力[注2]の限界を超えていること、 ① 、このままの生活を続けていたら持続可能性がないことが問題なのだが、過去の世界であれば、その空間スケールは人間の行動や流通の範囲を反映してもっと狭く、弥生時代であれば一つのムラ、江戸時代であれば一つの藩といったスケールで起きている現象をこの図は想定している。

A あるとき数十年周期の気候変動が起きて農業生産力が増大したとする。この豊作が一年か二年で直ぐに元に戻るのであれば、人々は[(a)]束（つか）の間の豊作を神様に感謝して穀物の備蓄に励むだけだろうが、B 数十年周期の変動の場合は豊作の期間は一〇年や二〇年も続くので、その間に人々は豊作に慣れて、人口を増やしたり（出生率をあげたり）、生活水準を向上させたりしたものと思われる。しかし、これは数十年周期の変動なので、やがて農業生産力は元に戻ってしまう。そのときには、豊作期の豊かな時代に育った若者をはじめとして、人々には自主的に生活水準を下げたり人口を減らしたりすることは難しく、C 結果的に飢饉の発生や難民の流出によって半強制的に人口が減らざるを得なかった、と考えられる。

数年周期の変動であれば、凶作年にはあらかじめ備蓄しておいた穀物で食いつなげるし、何より豊作の年に人口が急に増えたりはしない。逆に数百年周期の変動であれば徐々に生産力が変化するので、人々には対応の時間的余裕があり、農業技術を革新したり農地面積を拡大したりすることもできただろうし、生産力の上昇期には出生率の増大、低下期には出生率の減少を通じて、大きな痛みを伴うことなく、ゆっくりと気候変動に適応できた可能性もある。 ② 、数十年周期の変動の場合は、短期間での技術や農地の変革は難しく、穀物備蓄もすぐに底を尽き、出生率の調整では時間的に間に合わず、多くの人々が飢饉に直面したことが想像できる。つまり数十年周期の変動は、予測も対応も難しい時間スケールなのである。出生率を介した人口調整との関係でいえば、数十年とはちょうど人間の寿命に相当する時間スケールであり、それゆえにこそ効果的な対応ができなかったことが予想できる。

このような話を歴史研究者の皆さんを相手にしていると、「数十年周期の変動が重要なのは何となくわかったけど、具体的に何に着目したらよいかわからない。」という感想を頂くことが多い。それは、気候・環境変動や自然災害に対する社会の復元力（レジリアンス）を研究しておられる方々から特に多く聞かれる。そういう方々の多くは、気候災害などが起きた「後」の社会の対応に注目しておられる場合が多い。もちろん、災害復興過程の研究では、災害後の社会の状況を観察することは不可欠だが、実際には、「気候がよい時代や災害がない時代に、いかにその状態に過適応してしまっていたか」が重要である。過適応がなければ、つまり人口や生活水準を野放図(注3)に拡大しなければ、次に起きる気候の悪化や災害に対処できた可能性がある。(注4)

③人々は「気候変動や自然災害に適応するため」だけに生きている訳ではないので、農業生産力の高い時代には、それを最大限生かした生業や政策を展開することが、(注5)中世であれば他国との闘いに、(注6)近世であれば市場での競争に打ち勝っていくために、必要不可欠なことだったと思われる。しかし生産力の拡大期の論理に適応し過ぎれば、生産力が縮小に転じた時期にブレーキが利かなくなる。切り替えがうまい為政者(注7)がいれば、両時期に的確に対応できる可能性もあるが、通常はその両者に適応できる人間は少ないし、もとより為政者だけがそのことを理解していても社会の構成員の多くが理解していなければ、対応が難しいことは同じであろう。歴史上の気候変動と人間社会の関係の背後には、そのような構図があるものと思われる。

つまり気候のよい時期・豊作の時期における社会のあり方や人々の考えを知ることが、気候適応史研究の一つの焦点になるべきである、と私は考えている。このことは、気候変動だけでなく、地震・津波・火山噴火などの地殻災害、あるいは新型コロナをはじめとする感染症の蔓延(注8)、さらに経済循環などの人間社会に内在する変動にまで、あらゆることにも当てはまるものと思われる。昨今の例でいえば、感染症のパンデミックがなかった時代にパンデミックが起きたときのことを何も想定せず、保健所の機能を単に合理化縮小してしまったこと、津波が来ない時期が何十年も続くうちに沿岸域の危険な場所に住居を広げてしまったことなどなど、あらゆることが**図1**の構図に当てはまる。すべて、気候・環境が悪化して災害が起きてからではなく、その前の平時における環境悪化・災害発生への備え・適応力が問われているのである。そのことを、まさに研究の対象にしなければならない。考えてみればあたり前のことが、歴史の研究はもとより、日常生活一般、さらにいえば国会の審議のなかでも、必ずしも意識されていないことが問題であるといえよう。

（中塚武『気候適応の日本史　人新世をのりこえる視点』による）

（注1）前近代＝明治維新より前の、科学や技術の進歩による資本主義経済がまだ発達していない時代。
（注2）環境収容力＝ある環境下において、持続的に維持できる生物の最大個体数、または生物群集の大きさ。
（注3）野放図＝際限がないこと。しまりがないこと。　（注4）生業＝生活していくための仕事。
（注5）中世＝鎌倉時代および室町時代。　（注6）近世＝安土桃山時代および江戸時代。
（注7）為政者＝政治を行う者。　（注8）蔓延＝はびこりひろがること。

問1　空欄 ① 、 ② 、 ③ に入る語として適当なものを、それぞれ次の**ア**から**エ**までの中から選べ。**ただし、同じ記号は二回使わない。**

ア　もちろん　**イ**　つまり　**ウ**　しかし　**エ**　やがて

問2　本文中の、(a)束の間の、(b)介した の意味として適当なものを、それぞれ次の**ア**から**エ**までの中から選べ。

(a)　**ア**　継続的な　**イ**　少しの間の　**ウ**　定期的な　**エ**　久しぶりの
(b)　**ア**　重視した　**イ**　付け加えた　**ウ**　兼ね備えた　**エ**　仲立ちとした

問3　本文中に、(1)その地域の農業生産量などが許容する範囲 とあるが、どういうことか。その説明として最も適当なものを、次の**ア**から**エ**までの中から一つ選べ。

ア　その地域で生産される農作物の総量などが、その地域の人口や生活水準をどの程度満たせるかという範囲。
イ　その地域の人々が、農作物などを最大限生産し続ける状態をどれくらいの期間継続できるかという範囲。
ウ　その地域で生産される農作物の量などが、その地域の人口や生活水準を持続的に維持できる範囲。
エ　その地域の人々が、自然環境に悪影響を与えずに農作物などを持続的に生産できる農地面積の範囲。

問4　本文の破線部**A**・**B**・**C**の内容に対応する矢印を、それぞれ**図1**の**ア**から**エ**までの中から選べ。**ただし、同じ記号は二回使わない。**

A　あるとき数十年周期の気候変動が起きて農業生産力が増大した
B　数十年周期の変動の場合は豊作の期間は一〇年や二〇年も続くので、その間に人々は豊作に慣れて、人口を増やしたり（出生率をあげたり）、生活水準を向上させたりした
C　飢饉の発生や難民の流出によって半強制的に人口が減らざるを得なかった

問5　本文中に、(2)数十年周期の変動は、予測も対応も難しい時間スケールなのである。とあるが、なぜか。「対応が難しい」理由の説明として最も適当なものを、次の**ア**から**エ**までの中から一つ選べ。

ア　住民の人口が増加を始めたときには、既に気候変動で生産力が減少しているが、その時点から計画的に農業の技術革新を進めて生産力を高めようとしても、計画の実現には人間の寿命と同じ数十年単位の時間が必要となり、対応が間に合わないから。

イ　生産力の減少期には、それまでに増大した全人口が生存可能なだけの食糧を確保できなくなるが、生まれる子供の数をその時点で減らし始めたとしても、人口が十分減るまでには人間の寿命と同じ数十年の時間がかかり、対応が間に合わないから。

ウ　住民の人口が増加を始めると人々の生活水準も上がっていくが、その時点で住民は既にぜいたくに慣れてしまってより多くの食糧を求めるようになり、その人々の寿命である数十年の間は同じ状況が続いてしまい、結果的に対応が間に合わないから。

エ　生産力の減少期を迎えたときには、気候は再び増産可能な方向で安定し始めているが、その時点で既に人間の寿命である数十年単位の人口減少が続いているため、農産物の増産を可能にするだけの労働力を確保できなくなり、対応が間に合わないから。

問6　本文中に、(3)その状態に過適応してしまっていた　とあるが、どういうことか。その説明として最も適当なものを、次の**ア**から**エ**までの中から一つ選べ。

ア　災害がなく気候もよい状態を当然のように受け入れて、人口を増やしますます豊かな生活をおくる一方で、生産力が減少するかもしれない事態への備えを怠っていた。

イ　災害がなく気候もよい状態を普通だと考えて、従来通りの方法だけで農業生産力を維持できると思い込み、豊作を継続させるための技術革新や農地拡大を怠っていた。

ウ　災害がなく気候もよい状態が続くことを当然であると信じて、農業技術の革新により、市場での競争に打ち勝っていく一方で、穀物を備蓄する量も増やし続けていた。

エ　災害がなく気候もよい状態が生存には最適だと判断して、生産力の拡大を続ける一方で、他国との闘いを繰り返し、より温暖で災害の少ない地域に進出し続けていた。

1 次の各問いに答えなさい。

(1) $-3+2\times\left\{\left(3-\frac{1}{2}\right)^2-\frac{1}{4}\right\}$ を計算すると **ア** である。

(2) 2次方程式 $x^2-6x+2=0$ を解くと $x=$ **イ** $\pm\sqrt{\text{ウ}}$ である。

(3) $a<0$ とする。関数 $y=ax+b$ について，x の変域が $-4\leqq x\leqq 2$ のとき，y の変域は $4\leqq y\leqq 7$ である。このとき，$a=-\dfrac{\text{エ}}{\text{オ}}$，$b=$ **カ** である。

［ 計 算 用 紙 ］

(4) 2つの関数 $y = ax^2$，$y = -\frac{3}{x}$ について，x の値が1から3まで増加するときの変化の割合が等しいとき，$a = \frac{\boxed{キ}}{\boxed{ク}}$ である。

(5) 袋の中に赤玉2個と白玉3個が入っている。いま，袋の中から玉を1個取り出して色を調べてから戻し，また玉を1個取り出すとき，2回とも同じ色である確率は $\frac{\boxed{ケコ}}{\boxed{サシ}}$ である。ただし，どの玉が取り出されることも同様に確からしいものとする。

(6) 下の資料は，中学生10人の握力を測定した記録である。このデータの中央値（メジアン）は $\boxed{スセ}$ kgであり，範囲は $\boxed{ソタ}$ kgである。

25，12，30，24，16，40，29，33，17，35　(kg)

［ 計 算 用 紙 ］

(7) 下の図で，点 A と点 B は円 O の周上にあり，直線 BC は円 O に接している。

$\angle$ OAC = 37°，$\angle$ BCA = 15° のとき，$\angle$ OAB = [チツ]° である。

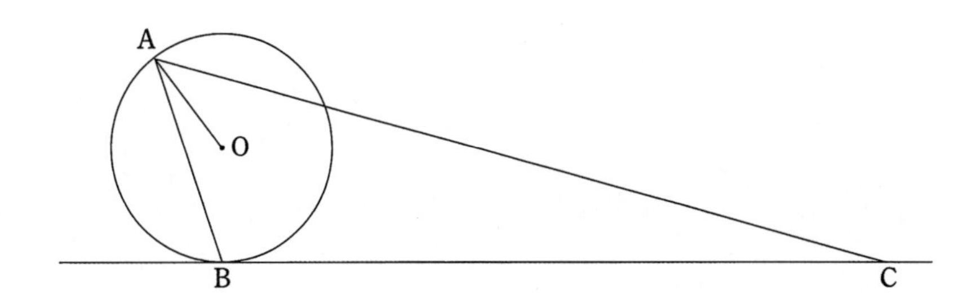

(8) 下の図で，$\angle$ ABC = $\angle$ ACD = 90°，AB = 3，BC = $\sqrt{3}$，CD = 2 である。

このとき，AD = [テ]，BD = $\sqrt{[トナ]}$ である。

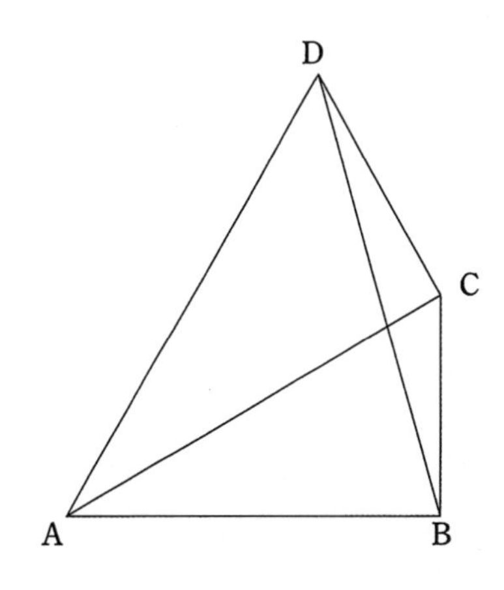

［計 算 用 紙］

2 図1のように，関数 $y=ax^2$ のグラフ上に2点A，Bがある。点Aの座標は（-5，10），点Bの x 座標は $\frac{5}{2}$ である。

図1

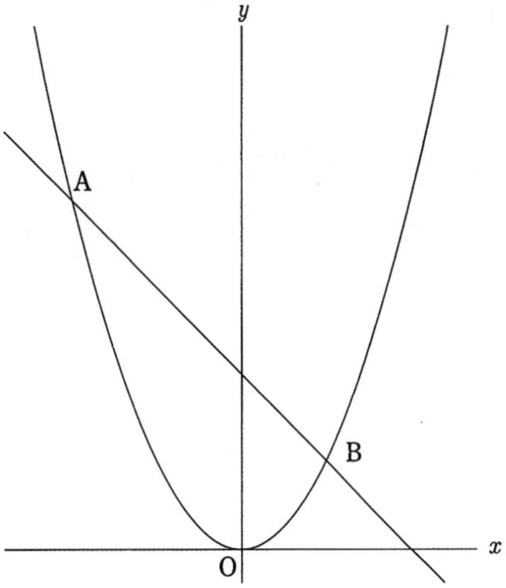

このとき，次の各問いに答えなさい。

(1) a の値は $\frac{\boxed{ア}}{\boxed{イ}}$ であり，点Bの y 座標は $\frac{\boxed{ウ}}{\boxed{エ}}$ である。

(2) 直線ABの傾きは $\boxed{オカ}$，切片は $\boxed{キ}$ である。

令和５年度入学者選抜学力検査本試験問題

英　　語 (50分)

(配　点)	1　10点	2　15点	3　24点	4　15点	5　15点	6　21点

(注意事項)

1　問題冊子は指示があるまで開かないこと。

2　問題冊子は１ページから８ページまである。検査開始の合図のあとで確かめること。

3　検査中に問題冊子の印刷不鮮明，ページの落丁･乱丁及び解答用紙の汚れ等に気づいた場合は，静かに手を高く挙げて監督者に知らせること。

4　解答用紙に氏名と受験番号を記入し，受験番号と一致したマーク部分を塗りつぶすこと。

5　解答には，必ずＨＢの黒鉛筆を使用すること。なお，解答用紙に必要事項が正しく記入されていない場合，または解答用紙に記載してある「マーク部分塗りつぶしの見本」のとおりにマーク部分が塗りつぶされていない場合は，解答が無効になることがある。

6　一つの解答欄に対して複数のマーク部分を塗りつぶしている場合，または指定された解答欄以外のマーク部分を塗りつぶしている場合は，有効な解答にはならない。

7　解答を訂正するときは，きれいに消して，消しくずを残さないこと。

1 次の各組の英文がほぼ同じ内容となるような（ A ）と（ B ）に入る語（句）の最も適切な組み合わせを，それぞれア～エの中から一つずつ選びなさい。

1. This is a very difficult question. (A) can answer it.
   We don't know (B) can answer this very difficult question.

ア (A) We / (B) who	イ (A) Everyone / (B) which	ウ (A) Nobody / (B) who	エ (A) Who / (B) how

2. My brother is (A) in playing the guitar.
   My brother's (B) is playing the guitar.

ア (A) interesting / (B) hobby	イ (A) interested / (B) liked	ウ (A) interest / (B) like	エ (A) interested / (B) hobby

3. I have (A) been to New York before.
   This is my (B) visit to New York.

ア (A) not / (B) next	イ (A) never / (B) first	ウ (A) never / (B) last	エ (A) not / (B) best

4. Hiromi (A) me how to use the new computer.
   It is (B) for Hiromi to teach me how to use the new computer.

ア (A) can't show / (B) impossible	イ (A) won't call / (B) expensive	ウ (A) speaks to / (B) cheap	エ (A) talks to / (B) impossible

5. I can't talk with Mary because I (A) speak Spanish.
   I want to talk with Mary. I wish I (B) speak Spanish.

ア (A) could not / (B) can	イ (A) could not / (B) could	ウ (A) cannot / (B) can	エ (A) cannot / (B) could

2 次の１～５の会話文について，場面や状況を考え，（　　）に入る最も適切なものを，それぞれア～エの中から一つずつ選びなさい。

1. A：John, I couldn't go to school yesterday. Do we have any homework?
   B：Yes, I think that we have some English homework.
   A：OK. What is it?
   B：(　　　　　　　　)

   ア　Let me check my notebook.
   イ　Of course, I have no problem.
   ウ　It was until last week.
   エ　You haven't finished it yet.

2. A：Hmm. You look different today, Satoshi. Are those new shoes?
   B：Yes. I just bought them yesterday. They are still clean. What do you think?
   A：(　　　　　　　　) I really like the color.

   ア　I like my new ones very much.
   イ　They are really old.
   ウ　They look really nice on you.
   エ　They are very tired.

3. A：Do you have any plans this weekend?
   B：No. I'll just stay at home.
   A：Do you often spend your weekends at home?
   B：(　　　　　　　　) I don't like to go outside.

   ア　Yes, I can find the bus to take.
   イ　I'll go to play tennis.
   ウ　You're often sick in bed.
   エ　I usually do so.

4. A：What did you do during the winter vacation?
   B：I went to Sydney. It was beautiful. Have you ever been to Australia?
   A：No, but (　　　　　　　　) I want to see koalas in nature.

   ア　I was in the country for three years.
   イ　I hope I can go there.
   ウ　I have been to the country twice.
   エ　I will not go there again.

5. A：How did you like the zoo, Tomoko?
   B：It was great. I love pandas. Thanks for taking me today.
   A：You're welcome. (　　　　　　　　)
   B：That's a good idea. There's too much to see in just one day.

   ア　How about going again next month?
   イ　Is the zoo crowded on weekends?
   ウ　How about going to the zoo today?
   エ　Why do we visit the zoo today?

3 次の英文を良く読み，後の問題に答えなさい。

Video games are played by people of all ages. Most people use games consoles when they play video games now. These consoles can be (1) in many houses around the ア world and are used almost every day.

In the (2), consoles were very イ simple machines. They could only be used to play games. However, the games industry has changed, and consoles are now like home entertainment centers. You can use them (3) watch ウ movies, use the Internet, and look at photos.

There are several companies making consoles now. Some companies focus on power and performance when they make a games console. Players love the fast action and high quality of the games for these consoles. The games look very real. Recently, more and more people like to play their エ favorite games on the Internet (4) other players. For that reason, we can play most new games online, and some new types of games have become very popular.

Other companies focus on creating new consoles and fun games to encourage players to exercise or move to play. These consoles are not so powerful. They are also オ different because they can be taken outside when you go to your friend's house or on the カ train. Players can (5) games anywhere because of the design.

Millions of consoles are sold every year, and many interesting games are made. Online games have become an important way to connect with friends. New games get better and better, and have (6) features and ideas.

（注）games consoles, consoles ゲーム機　games industry ゲーム業界
entertainment centers 娯楽の中心機器　focus on 焦点を合わせる
performance 性能　quality 品質　online オンラインで，オンラインの
exercise 運動する　design デザイン　millions of 非常にたくさんの

問１　本文中の（１）～（６）に入る最も適切な語（句）を，ア～エの中から一つずつ選びなさい。

	ア	イ	ウ	エ
（１）	heard	found	said	told
（２）	future	little	past	while
（３）	at	for	in	to
（４）	against	across	along	until
（５）	enjoy	enjoyed	enjoying	to enjoy
（６）	low	poor	original	weak

問２　次の（１）と（２）につき，それぞれと同じような意味で使われている語を本文中の下線部ア～カから一つずつ選びなさい。

（１） moving pictures and sound that tell a story

（２） not the same

4 次の1～5の会話について，場面や状況を考えて（　　）内の語（句）を最も適切な順に並べ替え，<u>（　　）内において3番目と5番目にくるものの</u>記号を選びなさい。なお，文頭にくるべき語の最初の文字も小文字で書かれています。

1. A：Where were you this afternoon?
   B：Oh, I forgot to tell you. I was at Paul's Cafeteria.
   A：Do（ア mean　イ new restaurant　ウ opened　エ the　オ you　カ which）last weekend? I heard it's good.
   B：It sure is.

2. A：What are you reading?
   B：It's a book about kindness and friendship.
   A：Is it interesting? You've（ア been　イ finished　ウ it　エ reading　オ since　カ we）lunch.
   B：Actually, it has a lot of useful information.

3. A：What are you going to do this evening?
   B：I am going to do my homework. Why do you ask?
   A：Well, I washed the clothes and hung them in the garden. Will you（ア before　イ house　ウ into　エ take　オ the　カ them）it gets dark?
   B：No problem.

4. A：What time are we going to meet at the station today?
   B：How about three o'clock in the afternoon?
   A：OK, but I have something to do after lunch.（ア don't　イ for　ウ if　エ I'm　オ me　カ wait）late.
   B：Sure. I understand.

5. A：Did you understand the story that he told us now?
   B：No, I didn't. What should we do?
   A：I think（ア him　イ have　ウ to　エ to ask　オ tell us　カ we）again.

5 次の英文は，家族の夜の外食行動（eating out behavior）に関する調査について述べたものである。英文と表を良く読み，あとの問題に答えなさい。なお，計算等を行う場合は，この問題のページの余白で行うこと。

Kakeru and his friend Judy go to a university in Japan. They decided to work together to do some research about people's eating out behavior at night. They sent several questions to 300 families with children in elementary or junior high school. They asked what day of the week the families eat out at night the most and what their primary reason for eating out is. The results are shown in the tables below.

Table 1 shows the days of eating out at night. According to the results of the survey, Monday is the lowest percent of all. Only one percent of the families eat out on Monday. The percent of families who eat out on Thursday is half of the percent of Wednesday. On Sunday, ten percent of families eat out.

The rate of families choosing Friday or Saturday night for eating out is more than 70 percent, and Friday is higher than Saturday. Why do more families choose Friday and not Saturday for eating out? Many adults and children are on a five-day week, and Saturdays and Sundays are their days off. So, they eat out on Friday night as a reward for finishing the week's work or school.

In Table 2, we can see various reasons for eating out at night, but more than 60 percent of the answers are related only to parents. Parents usually make meals for the family, and other members sometimes help to cook. As a result, when parents cannot make dinner, the family eats out. The percent of "For a change" is about half of "All family members come home too late."

The research also shows that most children want to eat out more often, but about 50 percent of parents think they eat out too much. They worry about the cost of eating at restaurants.

Table 1　Days of eating out

Day	Percent (%)
Monday	1
Tuesday	2
Wednesday	8
Thursday	(A)
Friday	(B)
Saturday	(C)
Sunday	10
Total amount	100

Table 2　Reasons to eat out

Reason	Percent (%)
Parents come home too late	36
(P)	27
(Q)	15
(R)	11
For a change	7
Others	4
Total amount	100

（注）primary 第一位の　table 表　rate 割合
on a five-day week 週５日勤務の　day off 休暇　reward ごほうび
be related to ～ ～と関係がある　for a change 気分転換に　late 遅くに
cost 経費　total amount 合計

令和５年度入学者選抜学力検査本試験問題

理　　科 (50分)

(配　点)	1　16点	2　15点	3　17点	4　15点
	5　17点	6　20点		

(注意事項)

1　問題冊子は指示があるまで開かないこと。

2　問題冊子は1ページから17ページまである。検査開始の合図のあとで確かめること。

3　検査中に問題冊子の印刷不鮮明，ページの落丁·乱丁及び解答用紙の汚れ等に気づいた場合は，静かに手を高く挙げて監督者に知らせること。

4　解答用紙に氏名と受験番号を記入し，受験番号と一致したマーク部分を塗りつぶすこと。

5　解答には，必ずＨＢの**黒鉛筆**を使用すること。なお，解答用紙に必要事項が正しく記入されていない場合，または解答用紙に記載してある「マーク部分塗りつぶしの見本」のとおりにマーク部分が塗りつぶされていない場合は，解答が無効になることがある。

6　一つの解答欄に対して複数のマーク部分を塗りつぶしている場合，または指定された解答欄以外のマーク部分を塗りつぶしている場合は，有効な解答にはならない。

7　解答を訂正するときは，きれいに消して，消しくずを残さないこと。

8　定規，コンパス，ものさし，分度器及び計算機は用いないこと。

9　問題の文中の アイ ， ウ などには，特に指示がないかぎり，数字（0～9）が入り，ア，イ，ウの一つ一つは，これらのいずれか一つに対応する。それらを解答用紙のア，イ，ウで示された解答欄に，マーク部分を塗りつぶして解答すること。

10　解答は指定された形で解答すること。例えば，解答が0.415となったとき， エ . オカ ならば，小数第3位を四捨五入して0.42として解答すること。

11「正しいものを三つ選べ」など，一つの問題で複数の解答を求められる場合は，一つの解答欄につき選択肢を一つだけ塗りつぶすこと。

例　「ウ」，「オ」，「ケ」を塗りつぶす場合

問 1	ア	イ	●	エ	オ	カ	キ	ク	ケ	コ
	ア	イ	ウ	エ	●	カ	キ	ク	ケ	コ
	ア	イ	ウ	エ	オ	カ	キ	ク	●	コ

この場合，「ウ」，「オ」，「ケ」の順番は関係ない。

（このページは余白です。）

1 次の問１から問８に答えよ。

問１　観測者が雷の光を見てから音を聞くまで６秒かかったとき，雷の光が発生した場所は観測者から何 km 離れていると考えられるか。ただし，音が空気中を伝わる速さは 340 m/s とする。

［ア］.［イ］km

問２　直方体の水槽に水を入れ，図のように，ストローを手前の面 A との平行を保ったまま，水面の中央部分に斜めに差し入れた。水槽の面 A を，面 A に対して垂直に見るとき，水の中のストローの見え方として，最も適当なものを以下のアからエの中から選べ。

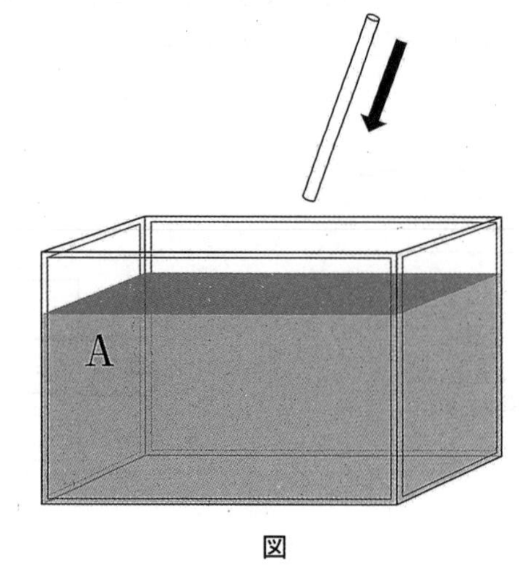

図

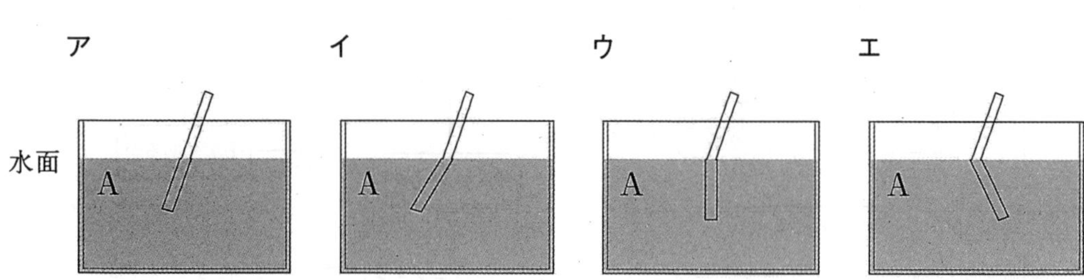

問３　うすい塩酸を電気分解したとき，陽極側に発生する気体の性質について書かれた記述で正しいものを次のアからエの中から<u>二つ</u>選べ。

ア　水にとけにくい　　　イ　水にとけやすい
ウ　無色で空気より軽い　エ　刺激臭がある

問4　次のアからエに示した現象はいずれも，ひらがなで書くと「とけた」という言葉を使用している。化学変化であるものを次のアからエの中から選べ。

ア　春になると氷がとけた
イ　酸性の水溶液がかかり，金属の一部がとけた
ウ　砂糖を水に入れると，よくとけた
エ　金属を高温にするととけた

問5　ユリ，ツツジ，イヌワラビ，マツを植物の特徴にもとづいて分類した。分類結果を示したものとして最も適当なものを，次のアからエの中から選べ。

ア
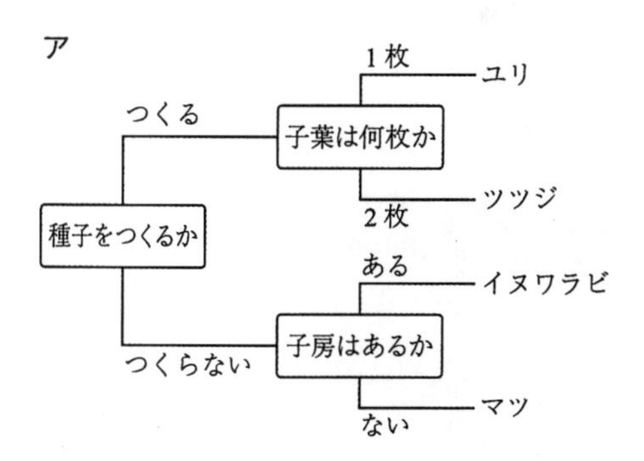

イ
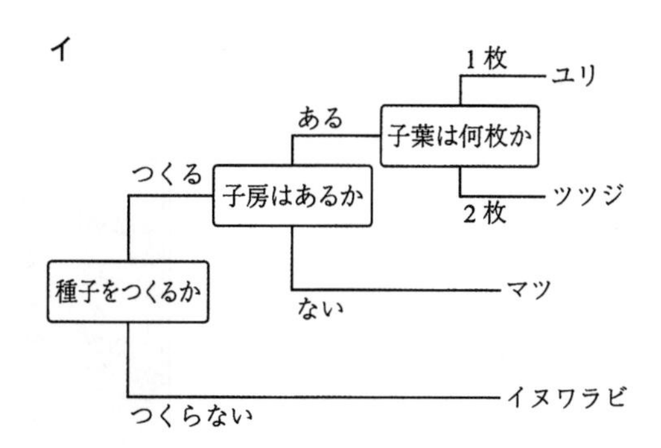

ウ
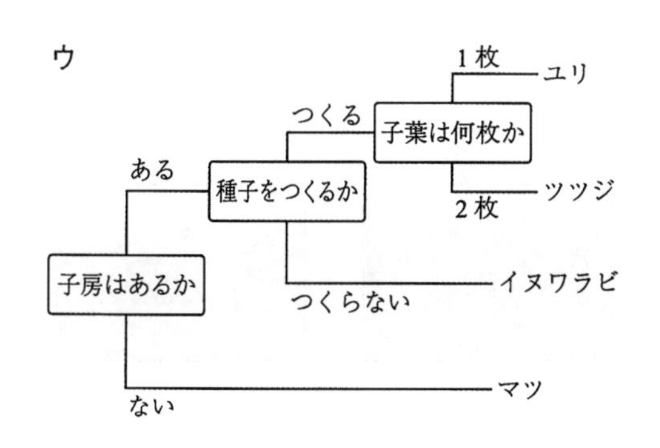

エ
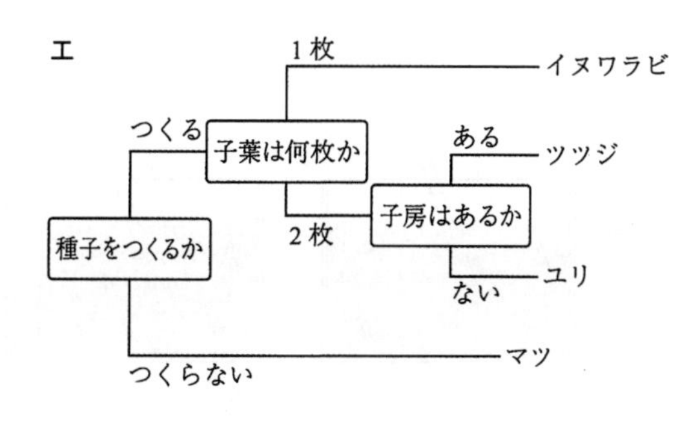

問６　図１は植物の体細胞分裂の様子をスケッチしたものである。図１のAの時期の染色体の様子を図２のように表すとき，図１のBの時期の染色体の様子はどのように表すことができるか。最も適当なものを以下のアからエの中から選べ。

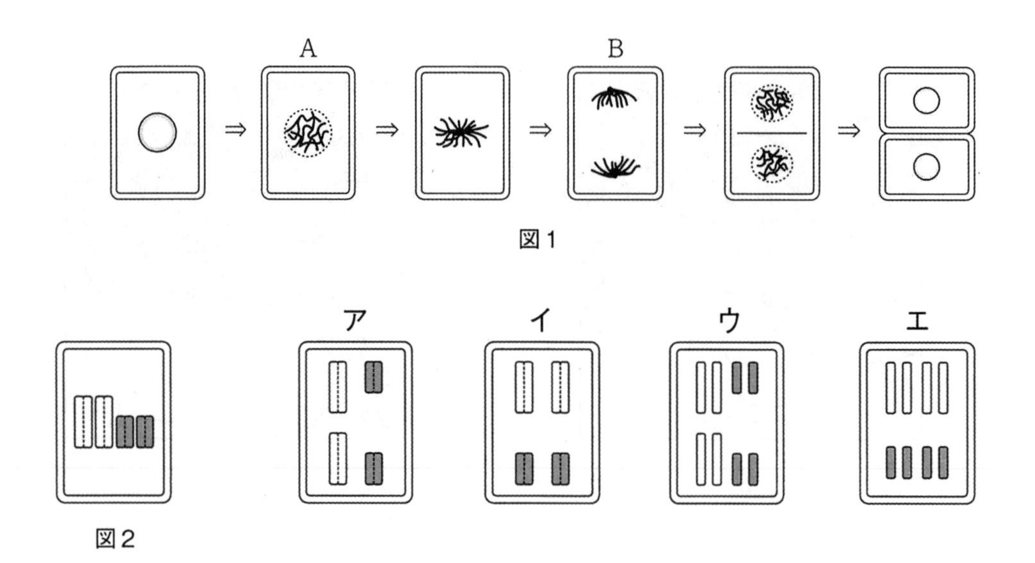

図１

図２

問７　気象庁が「冬型の気圧配置が続き，西～北日本で雪」と発表した日の気圧配置を示しているものはどれか。最も適当なものを，次のアからエの中から選べ。ただし，天気図中の白抜き文字「H」は高気圧を，「L」は低気圧を示している。

ア

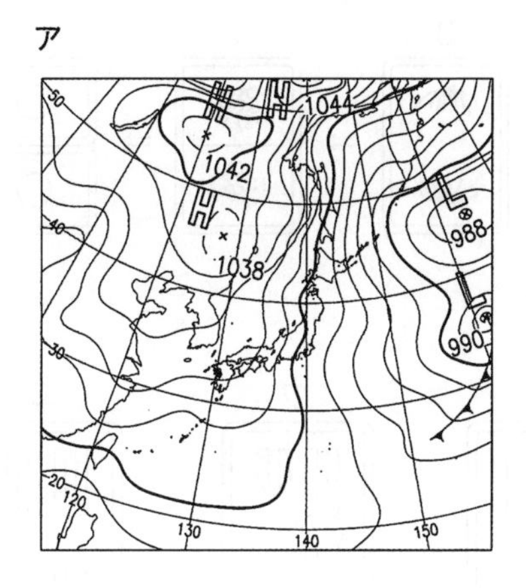

イ

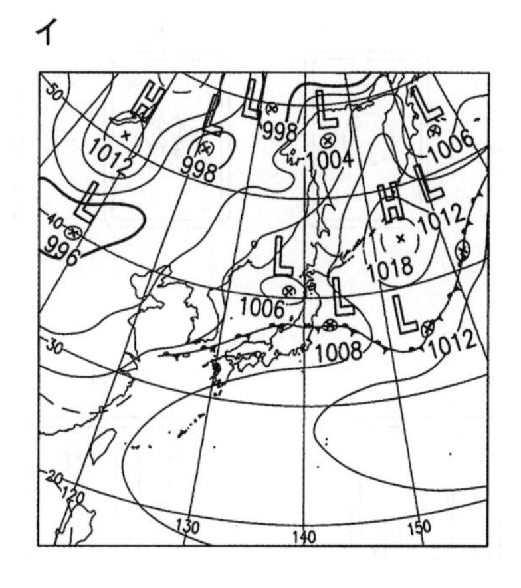

ウ

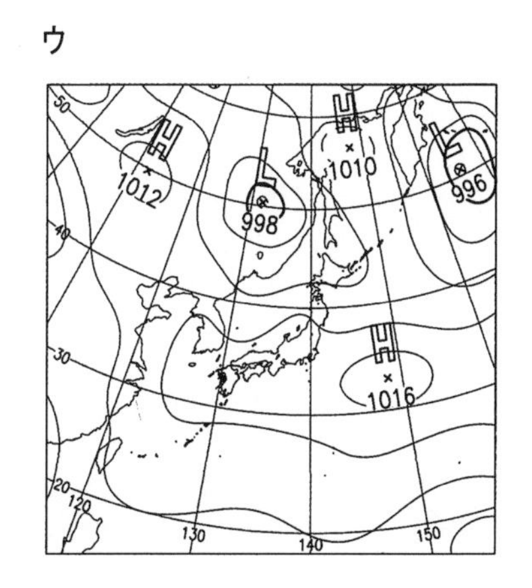

エ

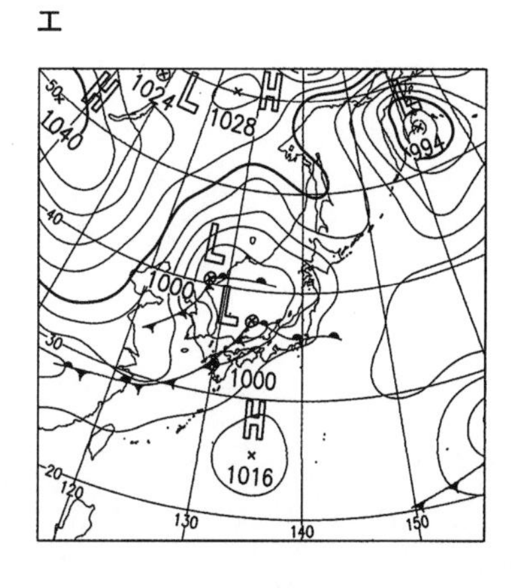

（気象庁ホームページ「日々の天気図」より作成）
https://www.data.jma.go.jp/fcd/yoho/hibiten/index.html

問８　次の文章は，地震についての説明文である。文章中の空欄①，②に当てはまるものを，以下のアからクの中からそれぞれ選べ。

（　①　）を震源という。また，地震の規模を表すものは（　②　）である。

①の選択肢

ア　地震の発生場所

イ　最も揺れの大きかった地上の地点

ウ　地震の発生した場所の真上の場所

エ　地震波が最も早く到達した地上の地点

②の選択肢

オ　震度

カ　主要動

キ　マグニチュード

ク　震源からの距離

2 植物のはたらきについて，次の問１から問４に答えよ。

問１　葉のはたらきと，気孔から取り入れる物質の組み合わせとして，最も適当なものを次のアからカの中から二つ選べ。

ア　光合成・CO_2　イ　光合成・H_2O　ウ　呼吸・O_2　エ　呼吸・CO_2
オ　蒸散・H_2O　カ　蒸散・O_2

問２　蒸散について調べるために次の［実験］を行った。枝A，B，Cの水の減少量をそれぞれ a，b，c とすると，葉からの蒸散量はどのように表すことができるか。最も適当なものを以下のアからカの中から選べ。ただし，水の減少量と植物の蒸散量は同じであり，蒸散は葉以外の茎などからも行われるものとする。

［実験］
同じ大きさの試験管を３本用意し，水を入れた。葉の大きさや数がほぼ等しい植物の枝A，B，Cを図１のようにし，明るく風通しのよいところに置いた。数時間後，それぞれの試験管の水の減少量を調べた。

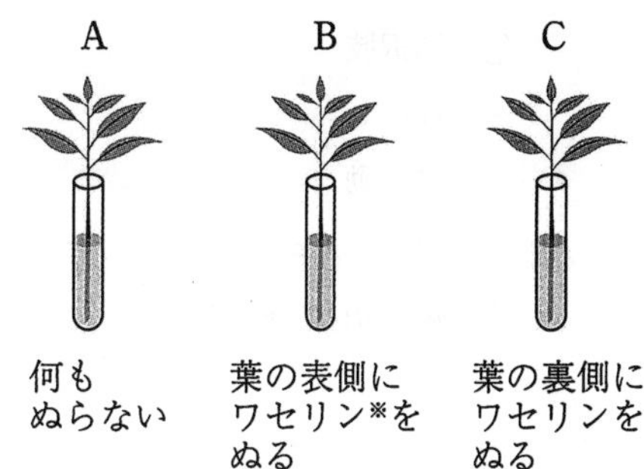

※ワセリンは油の一種で蒸散を防ぐ

図１

ア　a　イ　$b + c$　ウ　$(b + c) - a$　エ　$a - (b + c)$
オ　$2a - (b + c)$　カ　$2(b + c) - a$

問３　図２は，ある晴れた日に野外の植物の葉の蒸散量とその茎を流れる水の流量を調べたものである。グラフからいえることとして最も適当なものを，次のアからエの中から選べ。

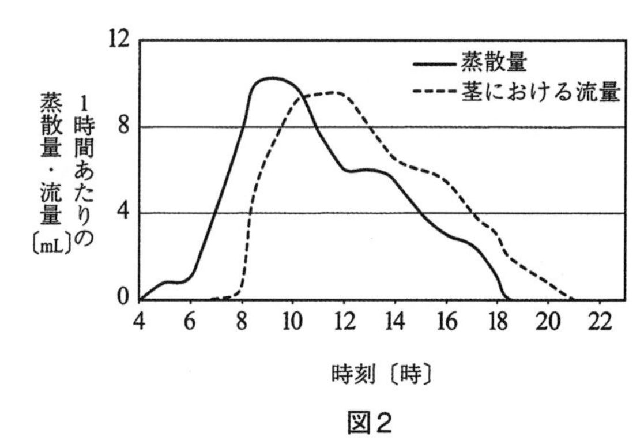

図２

ア　根からの吸水が盛んになると，蒸散が盛んになる
イ　蒸散が盛んになると，根からの吸水が盛んになる
ウ　茎における水の流量が減少すると，蒸散が抑えられる
エ　蒸散量が減少すると，茎における水の流量が増加する

問４　植物をビニルハウス内で栽培するときには，植物がきちんと光合成や蒸散ができるようにビニルハウス内の環境を調節している。ある植物をビニルハウス内で栽培しているときに，換気と水やりを忘れてしまった日があった。図３はこの日のビニルハウス内の環境を記録したものである。この記録からいえることを以下の文章にまとめた。文中の空欄①から③に当てはまる最も適当な組み合わせを，以下のアからクの中から選べ。

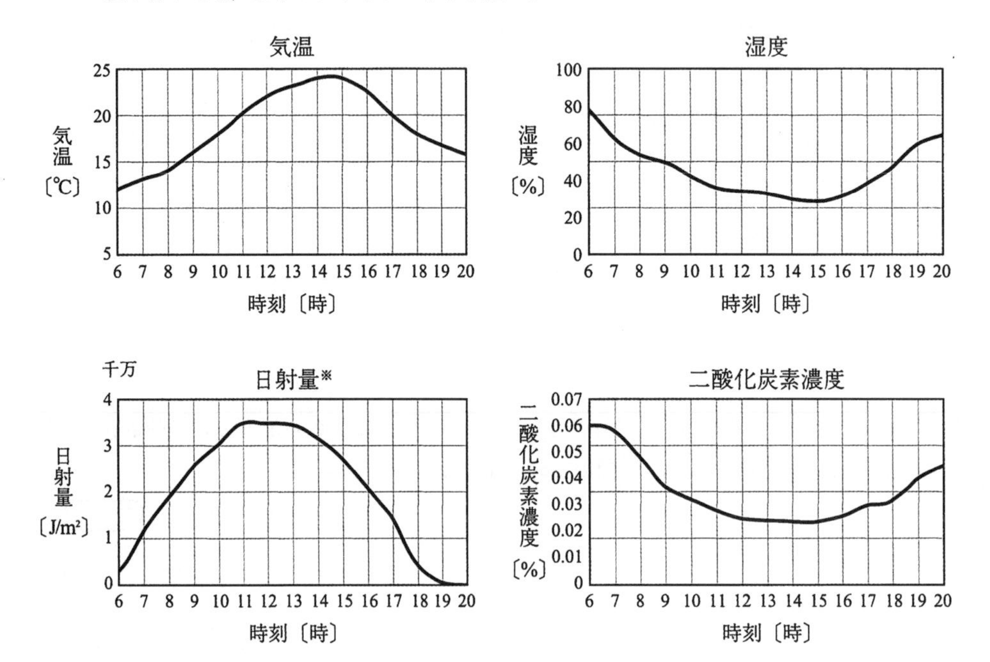

※日射量は1 m²あたりに太陽から降り注ぐ光のエネルギーの量

図３

図３より，８時から12時頃までは光合成が（　①　）ことがわかる。また，12時頃に葉の表面の様子を調べると，ほとんどの気孔が閉じていた。これは気温の上昇とともに（　②　）ためと考えられる。これによって，12時以降は蒸散も光合成も（　③　）ことがわかる。

このことから，ビニルハウス内の換気と水やりを適切に調節することで，蒸散や光合成を調節することができる。

	①	②	③
ア	行われなくなった	日射量が増えた	盛んに行われた
イ	行われなくなった	日射量が増えた	ほとんど行われなくなった
ウ	行われなくなった	湿度が下がった	盛んに行われた
エ	行われなくなった	湿度が下がった	ほとんど行われなくなった
オ	盛んに行われた	日射量が増えた	盛んに行われた
カ	盛んに行われた	日射量が増えた	ほとんど行われなくなった
キ	盛んに行われた	湿度が下がった	盛んに行われた
ク	盛んに行われた	湿度が下がった	ほとんど行われなくなった

3 図1のように斜面AB上の点Pから，小さな物体を斜面にそって力をあたえずに静かにすべらせた。この物体は水平面BCを移動して斜面CDをある高さまで上がった後，斜面CDを下りはじめた。いずれの斜面も十分に長く，斜面ABは水平面と30°，斜面CDは45°の角度をなしている。以下の問1から問6に答えよ。ただし，物体の大きさや摩擦，抵抗は考えないこととし，斜面と水平面との接続点BとCにおいても物体はなめらかに運動したものとする。また，計算結果において平方根がでた場合は，$\sqrt{2}=1.41$，$\sqrt{3}=1.73$として答えること。

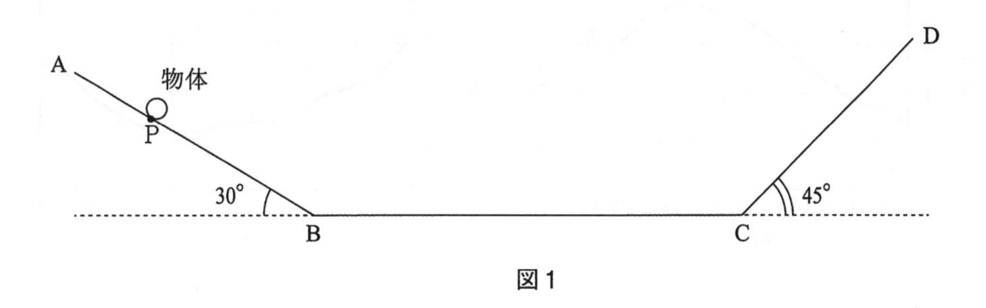

図1

問1　表は，物体が点Pから斜面ABを下りはじめて0.2 sごとの点Pからの移動距離を示したものである。0.2 sから0.6 sの間の平均の速さはいくらか。

アイウ cm/s

表

時間〔s〕	0	0.2	0.4	0.6	0.8
移動距離〔cm〕	0	10	40	90	160

問2　物体が斜面ABを下っているとき，物体にはたらいている力の合力の向きはどれか。最も適当なものを図2のアからクの中から選べ。物体にはたらいている力がつり合っている場合は，ケを選ぶこと。

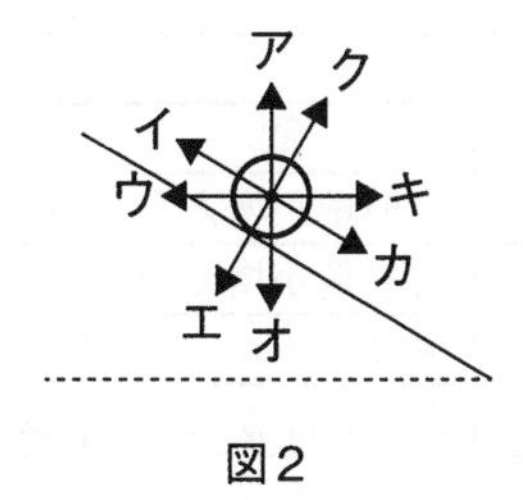

図2

令和５年度入学者選抜学力検査本試験問題

社　　会

(50分)

(配　点)				
	1　16点	2　12点	3　8点	4　8点
	5　12点	6　16点	7　12点	8　16点

(注意事項)

1　問題冊子は指示があるまで開かないこと。

2　問題冊子は１ページから14ページまである。検査開始の合図のあとで確かめること。

3　検査中に問題冊子の印刷不鮮明，ページの落丁･乱丁及び解答用紙の汚れ等に気づいた場合は，静かに手を高く挙げて監督者に知らせること。

4　解答用紙に氏名と受験番号を記入し，受験番号と一致したマーク部分を塗りつぶすこと。

5　解答には，必ずＨＢの**黒鉛筆**を使用すること。なお，解答用紙に必要事項が正しく記入されていない場合，または解答用紙に記載してある「マーク部分塗りつぶしの見本」のとおりにマーク部分が塗りつぶされていない場合は，解答が無効になることがある。

6　一つの解答欄に対して複数のマーク部分を塗りつぶしている場合，または指定された解答欄以外のマーク部分を塗りつぶしている場合は，有効な解答にはならない。

7　解答を訂正するときは，きれいに消して，消しくずを残さないこと。

1 次の図１のＡからＤの国について，問１から問４までの各問いに答えよ。

図１

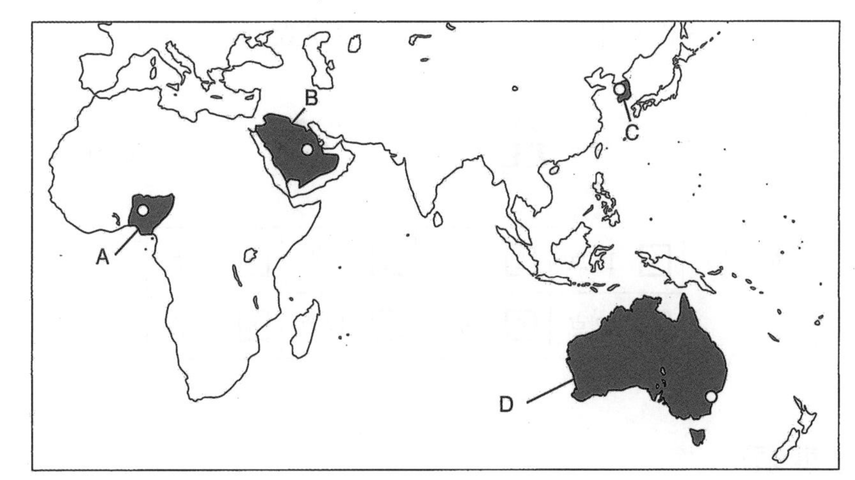

問１　次の表１は，図１中の○の地点で観測された月平均気温と年降水量をまとめたものである。表１中のアからエには，それぞれ図１中のＡからＤの国での観測地点が当てはまる。Ｂの国の観測地点に当てはまるものを表１中のアからエのうちから一つ選べ。

表１　月平均気温と年降水量

	月平均気温（℃）		年降水量（mm）
	1月	7月	
ア	23.5	13.1	973.0
イ	14.0	36.2	175.5
ウ	-1.9	25.3	1417.8
エ	27.8	26.2	1216.1

（気象庁ホームページより作成）

問２　次の図２は，図１中のＡからＤのいずれかの国における人口ピラミッド（2020年）を示したものである。表２にまとめた各国の人口推移，平均寿命，乳児死亡率を参考にして，図２の人口ピラミッドに当てはまる国を，下のアからエのうちから一つ選べ。

図２

100歳
男性　女性
80歳
60歳
40歳
20歳
0歳
8 6 4 2 0 2 4 6 8
(%)

表２　人口推移・平均寿命・乳児死亡率

	人口推移（千人）			平均寿命(年)	乳児死亡率※
	1980年	2000年	2020年	2018年	2018年
A	80556	122284	206140	54.3	76.0
B	9372	20664	34814	75.0	6.0
C	38124	47379	51269	82.6	2.7
D	14695	18991	25500	82.7	3.1

※乳児死亡率とは出生児1000人のうち満１歳未満で死亡する人数を指す。

（『世界国勢図会 1990/ 1991年版』，『世界国勢図会 2021/ 22年版』，『データブックオブザワールド 2021』より作成）

ア　Ａ　　イ　Ｂ　　ウ　Ｃ　　エ　Ｄ

問3　次の表3は，図1中のA，C，Dの国における輸出品上位4品目をまとめたものである。表3中のXからZには，それぞれ原油，鉄鉱石，自動車のいずれかが当てはまる。XからZの組み合わせとして正しいものを，下のアからカのうちから一つ選べ。

表3　輸出品上位4品目

A（2018年）

輸出品目	輸出額（百万ドル）
X	51371
液化天然ガス	6151
船舶	1493
石油ガス	490

C（2019年）

輸出品目	輸出額（百万ドル）
機械類	221343
Y	62246
石油製品	41726
プラスチック	28602

D（2019年）

輸出品目	輸出額（百万ドル）
Z	66496
石炭	44237
金	16245
肉類	11456

（『世界国勢図会 2021/22年版』より作成）

	ア	イ	ウ	エ	オ	カ
X	原油	原油	鉄鉱石	鉄鉱石	自動車	自動車
Y	鉄鉱石	自動車	原油	自動車	原油	鉄鉱石
Z	自動車	鉄鉱石	自動車	原油	鉄鉱石	原油

問4　次の表4は，図1中のAからDの国における1人あたりの国民総所得（GNI），1人1日あたりの食料供給栄養量，1人1日あたりの食料供給量をまとめたものである。表4中のアからエには，それぞれ図1中のAからDのいずれかの国が当てはまる。図1中のCに当てはまる国を表4中のアからエのうちから一つ選べ。

表4　1人あたりの国民総所得・1人1日あたりの食料供給栄養量・1人1日あたりの食料供給量

（2018年）

	1人あたりの国民総所得（ドル）	1人1日あたりの食料供給栄養量※（kcal）	1人1日あたりの食料供給量(g)				
			穀物	いも類	肉類	牛乳・乳製品	魚介類
ア	1965	2572	374	756	22	3	24
イ	33841	3420	512	41	208	30	248
ウ	56728	3391	262	134	332	619	72
エ	23555	3307	521	45	128	112	30

※食料供給栄養量とは，供給される食料の量から栄養成分量(kcal)を算出した値を指す。

（『世界国勢図会 2021/22年版』より作成）

2 福井，長野，香川，鹿児島の四つの県の特徴について，問１から問３までの各問いに答えよ。

問１ 次の図のＡからＤは，四つの県（福井，長野，香川，鹿児島）の県庁がある都市のいずれかにおける気温と降水量の平年値を表したものである。また，下のアからエの文は，四つの県いずれかの発電所の立地に関して述べたものである。このうちＣの都市がある県について述べた文として正しいものを，下のアからエのうちから一つ選べ。

図

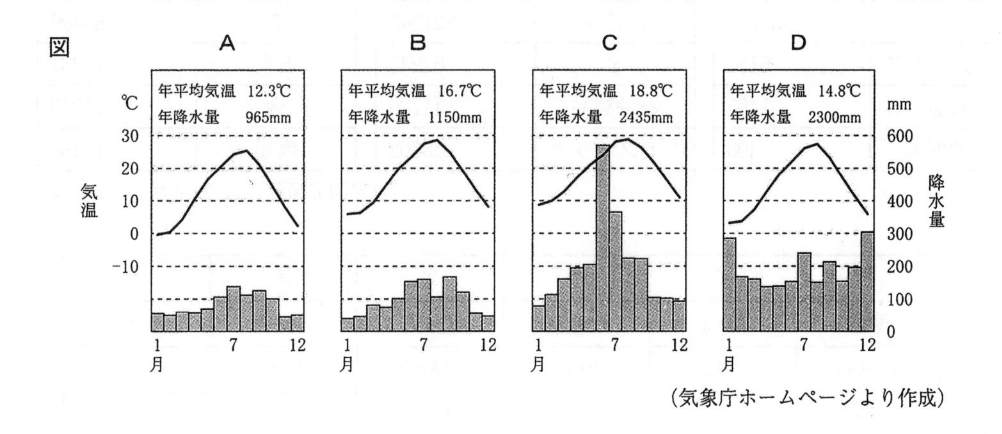

（気象庁ホームページより作成）

ア 山がちな地形を生かして水力発電所が多く立地している一方，火力発電所は小規模なものを除いて立地しておらず，原子力発電所も立地していない。

イ 山間部にダムを利用した水力発電所が複数あるほか，海沿いの複数の市や町に原子力発電所が立地している。

ウ 火力発電所が立地している一方，地形や気候の条件から水力発電所は小規模なものを除いて立地しておらず，原子力発電所も立地していない。

エ 水力・火力・原子力の発電所があるほか，県内には有名な火山や温泉もあるように地熱エネルギーに恵まれており，複数の地熱発電所も立地している。

問2　次の表1のEからHは，四つの県（福井，長野，香川，鹿児島）のいずれかの面積，県内で最も高い地点の標高，県庁から海までの最短距離を示したものである。また，下の表2のアからエは，四つの県のいずれかの農業産出額（全品目の合計およびいくつかの品目）について，全国での順位を示したものである。このうちHの県に当てはまるものを，表2中のアからエのうちから一つ選べ。

表1　各県の面積，県内で最も高い地点の標高，県庁から海までの最短距離

	面積※	最も高い地点の標高※	県庁から海までの最短距離※※
E	1877km²	1060m	1km
F	4191km²	2095m	15km
G	9186km²	1936m	1km 未満
H	13562km²	3190m	51km

※面積，最も高い地点の標高は国土地理院ウェブサイトによる。※※海までの距離は地理院地図により計測

表2　各県の農業産出額の全国での順位（2020年）

	合計	米	野菜	果実	工芸作物※	畜産
ア	2位	26位	15位	21位	2位	2位
イ	11位	14位	7位	2位	36位	30位
ウ	35位	38位	31位	30位	24位	28位
エ	44位	20位	46位	46位	45位	44位

※工芸作物には，さとうきび，茶，てんさいなどが含まれる。　（生産農業所得統計（2020年）より作成）

問3　次の表3のアからエは，四つの県（福井，長野，香川，鹿児島）のいずれかと東京都とを結ぶ交通機関（鉄道・バス・航空機）を利用した乗客の1年間の数である。このうち香川県に当てはまるものを，表3中のアからエのうちから一つ選べ。

表3　各県と東京都とを結ぶ交通機関を利用した乗客の1年間の数（2019年度）

	総数※	鉄道	バス※※	航空機
ア	1146万人	853万人	294万人	0万人
イ	245万人	3万人	0万人	243万人
ウ	157万人	30万人	3万人	124万人
エ	65万人	61万人	4万人	0万人

※1万人に満たない数を四捨五入しているため，鉄道・バス・航空機の和と総数が一致しない場合がある。
※※貸切バスの利用者も含めた数　（旅客地域流動調査（2019年度）より作成）

3　図１は，国際連合のシンボルマークである。このシンボルマークのデザインには世界地図が取り入れられている。図２は，その地図と同じように描いた，北極点からの距離と方位が正しい世界地図である。なお，国際連合のシンボルマークにあわせて南緯60度より南は緯線・経線も含めて描いていない。この地図について，問１，問２に答えよ。

図１

図２

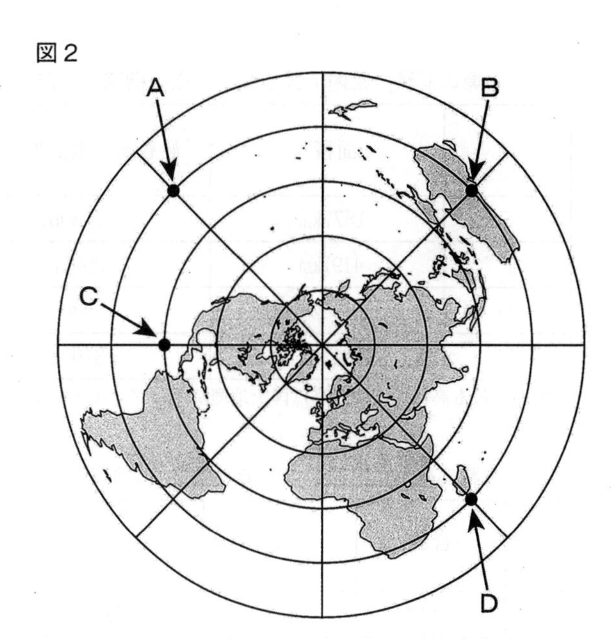

問１　図２の地図には緯線と経線がそれぞれ等間隔で描かれている。図２中のＡ地点の緯度と経度の組み合わせとして最も適当なものを，次のアからクのうちから一つ選べ。

ア　緯度０度，西経45度　　　イ　緯度０度，西経135度
ウ　北緯18度，西経45度　　　エ　北緯18度，西経135度
オ　南緯30度，西経45度　　　カ　南緯30度，西経135度
キ　南緯48度，西経45度　　　ク　南緯48度，西経135度

問２　図２の地図から読み取れることとして正しいものを，次のアからエのうちから一つ選べ。

ア　Ａ地点から見てＢ地点はほぼ東の方角にある。
イ　Ａ地点とＣ地点では６時間の時差がある。
ウ　Ｂ地点からＤ地点までの最短距離は，Ｂ地点から北極点までの最短距離より長い。
エ　北極点からＢ地点までの最短距離は，北極点からＤ地点までの最短距離と等しい。

4 次の**史料1**，**史料2**を読み，問1，問2に答えよ。なお，**史料1**，**史料2**は現代語に訳し，省略したり改めたりしたところがある。

史料1

八月。空海，年三十五歳，唐から日本に帰るために船に乗った。……（中略）……

十月二十二日。日本に到着した。空海は，唐から持ち帰った書物の目録を，大宰府の役人に託(たく)して朝廷に提出した。

（扶桑略記(ふそうりゃくき)）

史料2

このごろ都で流行しているものは，夜討ち，強盗，天皇の偽(にせ)の命令。囚人(しゅうじん)，急ぎの使者の馬，たいした理由もないのにおこる騒動。生首が転がり，僧が俗人に戻り，俗人が勝手に僧になる。急に成り上がった大名，路頭(ろとう)に迷う者。

（二条河原落書）

問1 **史料1**で述べられている出来事の時期と**史料2**が書かれた時期の間におこった出来事として<u>誤っているもの</u>を，次のアからエのうちから一つ選べ。

ア ドイツでルターが宗教改革をはじめ，聖書に基づく信仰の大切さを唱えた。

イ マルコ＝ポーロのアジアでの旅をもとにした旅行記が書かれた。

ウ ローマ教皇の呼びかけによって，十字軍の遠征がはじまった。

エ 高麗(こうらい/コリョ)が新羅(しらぎ/シルラ)をほろぼして，朝鮮半島を統一した。

問2 **史料2**は当時新しくはじまった政治によって混乱が生じている様子を批判している。**史料2**で批判されている政治をおこなった人物についての説明として正しいものを，次のアからエのうちから一つ選べ。

ア この人物は，御家人と呼ばれる配下の武士と強力な主従関係を結んで本格的な武士による政治をはじめ，鎌倉に幕府を開いた。

イ この人物は，南北に分裂していた朝廷を統一して動乱を終わらせ，京都の室町で政治をおこなった。

ウ この人物は，伊豆(いず)を勢力拠点とした豪族の娘として生まれた。夫である将軍の死後は，この人物の実家が代々の執権の地位を独占して，幕府の実権を握った。

エ この人物は，幕府が倒れた後に，武士の政治や慣習を否定して天皇を中心とする政治をはじめたが，武士らの反対にあって吉野に逃れた。

5 次の生徒と先生の会話文を読み，問１から問３までの各問いに答えよ。

生徒：戦国時代に関する漫画や映画，テレビドラマをよく見るのですが，戦国時代とはいつからいつまでなのでしょうか。

先生：戦国時代というのは，奈良時代や鎌倉時代のように，政治の中心地があった地名から名づけられたのではなく，「戦争がつづいた時代」という社会の状況にもとづく時代区分です。そのため，いつからいつまでが戦国時代か明確に決まっているわけではありません。

生徒：室町幕府がほろびて戦国時代がはじまるわけではないのですね。

先生：京都で(1)応仁の乱がおきたころから幕府の力は衰えていきます。16世紀になると(2)戦国大名があらわれ，競い合う時代になります。この時期にも室町幕府はありますが，社会の様子は大きく変わっているので，戦国時代とよぶのです。

生徒：15世紀から16世紀にかけて戦国時代がはじまるとみればいいのでしょうか。

先生：そうですね。

生徒：そうした状況のなかから(3)織田信長が登場するのですね。

先生：信長は京都に入り，やがて将軍を京都から追い出して，統一をすすめました。

生徒：家臣の明智光秀に討(う)たれてしまうんですよね。テレビドラマで見ました。

先生：光秀は(4)豊臣秀吉に倒されます。そして秀吉は，大名たちを従えたり，攻めほろぼしたりしながら統一をはたしました。(5)秀吉が全国統一をはたしたことで，やっと戦国時代が終わるといえます。16世紀の100年間は，社会が大きく動いた時代の転換点だったのです。

問１　次のＡからＤの文のうち，下線部(1)と下線部(5)の間の時期の出来事として正しいものの組み合わせを，下のアからエのうちから一つ選べ。

Ａ　加賀で浄土真宗（一向宗）信徒たちが守護を倒し，自治をはじめた。

Ｂ　近江(おうみ)の馬借を中心に，徳政令による借金の帳消しを要求する正長の土一揆がおこった。

Ｃ　百姓が刀や脇差(わきざし)，その他武具を所持することを禁じる法令が秀吉によって出された。

Ｄ　中山王の尚巴志(しょうはし)が三山を統一し，首里(しゅり)を都とする琉球王国を建てた。

ア　ＡとＢ　　イ　ＡとＣ　　ウ　ＢとＤ　　エ　ＣとＤ

問２　下線部(2)について，戦国大名の分国法の事例として最も適当なものを，次のアからエのうちから一つ選べ。

ア　外国の船が入港するのを見たら，すぐさま攻撃し追い払いなさい。

イ　広ク会議ヲ興(おこ)シ，万機(ばんき)公論ニ決スベシ。

ウ　国の交戦権は，これを認めない。

エ　喧嘩(けんか)をしたものは，いかなる理由によるものでも，処罰する。

答用紙　国語

※100点満点

第１面

ウ	エ
ウ	エ
ウ	エ
ウ	エ
c	d
ウ	エ
ウ	エ
ウ	エ
ウ	エ
ウ	エ

ウ	エ
ウ	エ
ウ	エ
ウ	エ
ウ	エ
ウ	エ
ウ	エ
ウ	エ
ウ	エ
ウ	エ
ウ	エ
ウ	エ
ウ	エ

3	問1	(a)	ア	イ	ウ	エ
		(b)	ア	イ	ウ	エ
	問２		ア	イ	ウ	エ
	問３		ア	イ	ウ	エ
	問４		ア	イ	ウ	エ
	問５		ア	イ	ウ	エ
	問６		ア	イ	ウ	エ
	問７		ア	イ	ウ	エ

２…２点×５　問３～７…４点×５

２…２点×５　問３・５～７…４点×４　問４…３点×３　問８…５点

２点×２　問２・４～６…４点×４　問３・７…５点×２

第１面

解答用紙　数学

※100点満点

欄

1）	ア	⊖	⓪	①	②	③	④	⑤	⑥	⑦	⑧	⑨
2）	イ	⊖	⓪	①	②	③	④	⑤	⑥	⑦	⑧	⑨
	ウ	⊖	⓪	①	②	③	④	⑤	⑥	⑦	⑧	⑨
3）	エ	⊖	⓪	①	②	③	④	⑤	⑥	⑦	⑧	⑨
	オ	⊖	⓪	①	②	③	④	⑤	⑥	⑦	⑧	⑨
	カ	⊖	⓪	①	②	③	④	⑤	⑥	⑦	⑧	⑨
4）	キ	⊖	⓪	①	②	③	④	⑤	⑥	⑦	⑧	⑨
	ク	⊖	⓪	①	②	③	④	⑤	⑥	⑦	⑧	⑨
5）	ケ	⊖	⓪	①	②	③	④	⑤	⑥	⑦	⑧	⑨
	コ	⊖	⓪	①	②	③	④	⑤	⑥	⑦	⑧	⑨
	サ	⊖	⓪	①	②	③	④	⑤	⑥	⑦	⑧	⑨
	シ	⊖	⓪	①	②	③	④	⑤	⑥	⑦	⑧	⑨
6）	ス	⊖	⓪	①	②	③	④	⑤	⑥	⑦	⑧	⑨
	セ	⊖	⓪	①	②	③	④	⑤	⑥	⑦	⑧	⑨
	ソ	⊖	⓪	①	②	③	④	⑤	⑥	⑦	⑧	⑨
	タ	⊖	⓪	①	②	③	④	⑤	⑥	⑦	⑧	⑨
7）	チ	⊖	⓪	①	②	③	④	⑤	⑥	⑦	⑧	⑨
	ツ	⊖	⓪	①	②	③	④	⑤	⑥	⑦	⑧	⑨
8）	テ	⊖	⓪	①	②	③	④	⑤	⑥	⑦	⑧	⑨
	ト	⊖	⓪	①	②	③	④	⑤	⑥	⑦	⑧	⑨
	ナ	⊖	⓪	①	②	③	④	⑤	⑥	⑦	⑧	⑨

1　⑴５点　⑵５点　⑶エオ…３点　カ…２点　⑷５点　⑸５点
⑹スセ…３点　ソタ…２点　⑺５点　⑻テ…２点　トナ…３点

解答欄は，第２面に続きます。

解　答　欄

2	(1)	ア	㊀	⓪	①	②	③	④	⑤	⑥	⑦	⑧
		イ	㊀	⓪	①	②	③	④	⑤	⑥	⑦	⑧
		ウ	㊀	⓪	①	②	③	④	⑤	⑥	⑦	⑧
		エ	㊀	⓪	①	②	③	④	⑤	⑥	⑦	⑧
	(2)	オ	㊀	⓪	①	②	③	④	⑤	⑥	⑦	⑧
		カ	㊀	⓪	①	②	③	④	⑤	⑥	⑦	⑧
		キ	㊀	⓪	①	②	③	④	⑤	⑥	⑦	⑧
	(3)	ク	㊀	⓪	①	②	③	④	⑤	⑥	⑦	⑧
		ケ	㊀	⓪	①	②	③	④	⑤	⑥	⑦	⑧
		コ	㊀	⓪	①	②	③	④	⑤	⑥	⑦	⑧
		サ	㊀	⓪	①	②	③	④	⑤	⑥	⑦	⑧
		シ	㊀	⓪	①	②	③	④	⑤	⑥	⑦	⑧

解答用紙　英語

第１面

※100点満点

イ	ウ	エ
イ	ウ	エ
イ	ウ	エ
イ	ウ	エ
イ	ウ	エ

イ	ウ	エ
イ	ウ	エ
イ	ウ	エ
イ	ウ	エ
イ	ウ	エ

イ	ウ	エ		
イ	ウ	エ		
イ	ウ	エ		
イ	ウ	エ		
イ	ウ	エ		
イ	ウ	エ		
イ	ウ	エ	オ	カ
イ	ウ	エ	オ	カ

4	1	3番目	ア	イ	ウ	エ	オ	カ
		5番目	ア	イ	ウ	エ	オ	カ
	2	3番目	ア	イ	ウ	エ	オ	カ
		5番目	ア	イ	ウ	エ	オ	カ
	3	3番目	ア	イ	ウ	エ	オ	カ
		5番目	ア	イ	ウ	エ	オ	カ
	4	3番目	ア	イ	ウ	エ	オ	カ
		5番目	ア	イ	ウ	エ	オ	カ
	5	3番目	ア	イ	ウ	エ	オ	カ
		5番目	ア	イ	ウ	エ	オ	カ

5	問1	(1)	ア	イ	ウ	エ
		(2)	ア	イ	ウ	エ
		(3)	ア	イ	ウ	エ
	問2		ア	イ	ウ	エ
	問3		ア	イ	ウ	エ

6	問1	ア	イ	ウ
	問2	ア	イ	ウ
	問3	ア	イ	ウ
	問4	ア	イ	ウ
	問5	ア	イ	ウ
	問6	ア	イ	ウ
	問7	ア	イ	ウ

1　2点×5
2　3点×5
3　3点×8
4　3点×5
5　3点×5
6　3点×7

解答用紙　理科

第１面
※100点満点

答　欄

問１	ア	⓪	①	②	③	④	⑤	⑥	⑦	⑧	⑨
	イ	⓪	①	②	③	④	⑤	⑥	⑦	⑧	⑨
問２		㋐	㋑	㋒	㋓						
問３		㋐	㋑	㋒	㋓						
		㋐	㋑	㋒	㋓						
問４		㋐	㋑	㋒	㋓						
問５		㋐	㋑	㋒	㋓						
問６		㋐	㋑	㋒	㋓						
問７		㋐	㋑	㋒	㋓						
問８	①	㋐	㋑	㋒	㋓						
	②	㋔	㋕	㋖	㋗						

問１	㋐	㋑	㋒	㋓	㋔	㋕		
	㋐	㋑	㋒	㋓	㋔	㋕		
問２	㋐	㋑	㋒	㋓	㋔	㋕		
問３	㋐	㋑	㋒	㋓				
問４	㋐	㋑	㋒	㋓	㋔	㋕	㋖	㋗

問１	ア	⓪	①	②	③	④	⑤	⑥	⑦	⑧	⑨
	イ	⓪	①	②	③	④	⑤	⑥	⑦	⑧	⑨
	ウ	⓪	①	②	③	④	⑤	⑥	⑦	⑧	⑨
問２		㋐	㋑	㋒	㋓	㋔	㋕	㋖	㋗	㋘	
問３		㋐	㋑	㋒	㋓	㋔	㋕	㋖	㋗	㋘	
問４		㋐	㋑	㋒	㋓	㋔	㋕	㋖	㋗	㋘	
問５	ア	⓪	①	②	③	④	⑤	⑥	⑦	⑧	⑨
	イ	⓪	①	②	③	④	⑤	⑥	⑦	⑧	⑨
	ウ	⓪	①	②	③	④	⑤	⑥	⑦	⑧	⑨
問６		㋐	㋑	㋒	㋓						

2点×2　問2…4点　問3…3点　問4…4点

解答欄は，第２面に続きます。

2点　問3…2点　問4…2点　問5…4点　問6…4点

解 答 欄

4			
問1	①		㋐ ㋑ ㋒ ㋓ ㋔ ㋕ ㋖
	②		㋐ ㋑ ㋒ ㋓ ㋔ ㋕ ㋖
問2	1		㋐ ㋑ ㋒ ㋓
	2	観測される時間帯	㋐ ㋑ ㋒
		月の形	㋓ ㋔ ㋕
問3			㋐ ㋑ ㋒ ㋓

5		
問1		㋐ ㋑ ㋒ ㋓ ㋔
問2		㋐ ㋑ ㋒ ㋓ ㋔
問3	1	㋐ ㋑ ㋒ ㋓ ㋔
	2	㋐ ㋑ ㋒ ㋓ ㋔
問4		㋐ ㋑ ㋒ ㋓ ㋔

6		
問1		㋐ ㋑ ㋒ ㋓
問2		㋐ ㋑ ㋒ ㋓
		㋐ ㋑ ㋒ ㋓
問3		㋐ ㋑ ㋒ ㋓ ㋔ ㋕ ㋖ ㋗
問4		㋐ ㋑ ㋒ ㋓
問5	ア	⓪ ① ② ③ ④ ⑤ ⑥ ⑦ ⑧
	イ	⓪ ① ② ③ ④ ⑤ ⑥ ⑦ ⑧
問6	数値	㋐ ㋑ ㋒ ㋓ ㋔ ㋕ ㋖
	単位	㋗ ㋘ ㋙ ㋚ ㋛

解答用紙　社会

第１面
※100点満点

イ	ウ	エ		
イ	ウ	エ		
イ	ウ	エ	オ	カ
イ	ウ	エ		

イ	ウ	エ
イ	ウ	エ
イ	ウ	エ

イ	ウ	エ	オ	カ	キ	ク
イ	ウ	エ				

イ	ウ	エ
イ	ウ	エ

イ	ウ	エ
イ	ウ	エ
イ	ウ	エ

イ	ウ	エ		
イ	ウ	エ		
イ	ウ	エ	オ	カ
イ	ウ	エ		

7							
	問１	ア	イ	ウ	エ		
	問２	ア	イ	ウ	エ	オ	カ
	問３	ア	イ	ウ	エ	オ	カ

8					
	問１	ア	イ	ウ	エ
	問２	ア	イ	ウ	エ
	問３	ア	イ	ウ	エ
	問４	ア	イ	ウ	エ

1　4点×4
2　4点×3
3　4点×2
4　4点×2
5　4点×3
6　4点×4
7　4点×3
8　4点×4

令和 5 年度

国立 高等専門学校

KOSEN

解答と解説

教英出版

国語解答

1 問1．①エ　②ウ　③イ　④エ　問2．b　問3．ア　問4．イ　問5．ウ　問6．ア
問7．ウ

2 問1．①イ　②ウ　③ア　問2．(a)イ　(b)エ　問3．ウ　問4．A．エ　B．ア　C．ウ
問5．イ　問6．ア　問7．ア　問8．エ

3 問1．(a)エ　(b)イ　問2．イ　問3．ウ　問4．ウ　問5．イ　問6．ア　問7．エ

国語解説

1 **問2**　傍線部(1)の「の」とbの「の」は、どちらもその文節が主語であることを表している。この用法の場合、「の」を「が」に置きかえても意味が通る。

問3　直前の「馬はどれでも強情なものであり～自然に行動に移せる」の部分が、「吉田と申す馬乗り」が述べた馬乗りの心得を説明した部分である。この中の「乗ることになっている馬を～自然に行動に移せる」の部分をまとめたアが適する。

問4　直後の「それは」から始まる一文に、「きわめて合理的な判断」だと言える理由が書かれている。この部分に、「馬の鞍に尻の据わりの悪い人と～気の荒い馬という両者のもともとの不適合が、落馬という当然の成り行きになることを体験的に知っていた」とある。つまり、馬に乗る人の体つきと馬の気性の不適合が、落馬につながるということを体験的に知っていたということ。よって、イが適する。

問5　直前の「こういう名人、達人とされる人のことば」の一つが、「高名の木のぼり」といわれていた男が、「安全と思われるところ」まで降りてきた人にかけた「過ちすな。心して降りよ」ということばである。この言動の背景には、「失敗は油断から生まれるという当たり前のことを、まさに当たり前のこととして受けとめ、自然とそれが行動となってあらわれる、無理のないあり方」がある。よって、ウが適する。

問6　直前に「このように慎重にことを運ぶことは、生き方としては消極的に見えるかもしれない」とあり、次の行に「仮に何もしないようなかたちを取ることがあったとしても、必ずそこに積極性が生まれている」とある。また、少し後に「無為のところに引き絞られた力は必ず攻勢へと転ずる時を待っている」とある。つまり、慎重にことを運び、外からは何も行動していないように見えても、実際は必ず攻めに出る機会を待っているのである。よって、アが適する。

問7　7行後に「本人がどんなにすぐれていると思っていても他人から見ると馬鹿らしく見え、わざわいを招くのはまさにこの慢心であるという」とあり、この部分とウの前半の内容が一致する。また、続く部分に「道の人はそれを知っており、けっして自分が完全であるなどとは思わない。むしろ、自らを持たざる者として位置づけ、その人なりのあえて何もしない『無為』を貫くのである」とあり、この部分とウの後半の内容が一致する。よって、ウが適する。

2 **問1①**　直前の「地球の人々の総人口や～限界を超えていること」という部分を、直後で「このままの生活を続けていたら持続可能性がないこと」と言い換えている。よって、前に書かれている内容を後で言い換えていることを

表す、イの「つまり」が適する。　② 直前の「大きな痛みを伴うことなく～適応できた可能性もある」と、直後の「多くの人々が飢饉（ききん）に直面したことが想像できる」は、反対の内容になっている。よって、前に書かれている内容とは相反する内容が後にくることを表す、ウの「しかし」が適する。　③ 直後の「人々は～必要不可欠なことだったと思われる」の部分は、多くの人が当然だと思うこと、言うまでもないことが書かれているので、アの「もちろん」が適する。

問３　ここでの「許容する」は、支えられる、維持できるという意味。「その地域の農業生産量などが許容する」のは、その前にある「その社会を構成する人々の人口や平均的な生活水準」なので、ウが適する。

問４Ａ　気候変動が起きた時なので、イかエにしぼられる。「農業生産力が増大した」とあるので、人口が増え、生活水準が向上する段階へとつながるエが適する。　**Ｂ**　豊作の期間が続き、人口を増やしたり生活水準を向上させたりするとあるので、矢印の横に「人口や生活水準の拡大」とあるアが適する。　**Ｃ**　「飢饉の発生」とあるので、矢印の横に「飢饉の発生」とあるウが適する。

問５　１～２行前に「数十年周期の変動の場合は～穀物備蓄もすぐに底を尽き、出生率の調整では時間的に間に合わず」とあり、増えた人口をまかなえる食糧が確保できず、出生率の調整による人口減少も間に合わないことが読み取れる。また、傍線部⑵の直後には、「出生率を介した人口調整との関係でいえば、数十年とはちょうど人間の寿命に相当するスケールであり～効果的な対応ができなかった」とある。ここから、生産力の低下に見合うだけの人口減少が起こるまでは数十年かかり、間に合わないことがわかる。よって、イが適する。

問６　次の行に「過適応がなければ、つまり人口や生活水準を野放図（のほうず）に拡大しなければ」とある。ここから、「過適応」とは、「気候がよい時代や災害がない時代に」「人口や生活水準を野放図に拡大」することだとわかる。また、空欄［③］以降の内容から、「過適応」とは、「次に起きる気候の悪化や災害」への備えが足りない状態であることも読み取れる。よって、アが適する。

問７　少し前に、「切り替えがうまい為政者（いせいしゃ）がいれば、両時期に的確に対応できる可能性もあるが」とある。ここでの「両時期」とは、農業生産力の拡大期と縮小期を指す。つまり、傍線部⑷が指す内容は、農業生産力の拡大期と縮小期に、それぞれ異なる的確な対応が必要だということ。よって、アが適する。

問８　最後の２段落の内容から、生産力が縮小に転じた後や「気候・環境が悪化して災害が起きてから」対応するするのは難しく、その前の時期、つまり生産力の拡大期や平時に的確な対応をとることが大事であることが読み取れる。つまり、過去の歴史から、社会の混乱を防ぐには、「気候・環境が悪化して災害が起き」た後の対応だけでは不十分なことが分かっているので、傍線部⑸のように述べているのである。よって、エが適する。

３　**問２**　この後藤巻先生は、超音波風速温度計について、「堰（せき）を切ったように語り出」し、和也が話しかけても「おざなりな生返事をしたきり、見向きもし」なかった。こうした様子から、藤巻先生は学問の話ができると期待して「目を輝かせた」ことがわかる。よって、イが適する。

問３　和也の絵を見るために話をやめたのであれば、紙と鉛筆はいらない。研究熱心な藤巻先生の様子から考えて、学問に関する何かを忘れないようにメモしようと思い、紙と鉛筆を頼んだのだと推測できる。よって、ウが適する。

問４　和也は、父親に絵を見たいと言われたのが内心かなりうれしかった。しかし、和也の絵のことをすっかり忘れている父親の様子を見て傷つき、無言で部屋を出ていってしまった。また、「でも、おれも先生（＝「僕」）みたいに頭がよかったら、違ったのかな」「親父があんなに楽しそうにしてるの、はじめて見たよ」といった発言から考えると、和也は、父親が「僕」を相手に夢中で楽しそうに学問の話をしていることを意識している。その上で、「あのひと（＝父親）は、おれのことなんか興味ない」「おれたちじゃ話し相手になれないもんね」などと言ってい

ることから、自分は関心を向けられていないと感じ、がっかりしていることがわかる。よって、ウが適する。

問５　問４の解説にあるように、和也は、「僕」を相手に夢中で楽しそうに学問の話をしている父親の姿を見て傷ついた。傍線部(3)の後で、「僕」は傷ついた和也を見て、「和也と同じ十五歳」の時、「(恋人を前に)自分の親が、これまで見せたこともない(幸せそうな)顔をしているのを目のあたりにし」たことを思い出した。この時の記憶や感情が呼び覚まされそうになったことで、傍線部(3)にあるような気分になったのである。よって、イが適する。

問６　藤巻先生が「とても熱心な研究者」であることを考えれば、「息子も自分と同じように、学問の道に進ませようとする」のが自然だと考えられる。しかし、藤巻先生は、「得意なことを好きにやらせるほうが、本人のためになるだろう」と言い、「学問の道」に進むことを和也に強制しなかった。「僕」はそのことを和也に伝えて、藤巻先生は先生なりに息子のことを考えているということを気づかせようとしている。また、同時に藤巻先生にそうした意外な一面があること、つまり「わからない」部分があるからこそ「おもしろい」のだと伝えている。さらに、この「わからない」からこそおもしろいという話は、食事中の場面で藤巻先生が「ひとりごとのように言った」、「わからないことだらけだよ、この世界は」「だからこそ、おもしろい」という言葉ともつながっている。つまり、「僕」は、人も物事も「わからない」からこそおもしろく、向き合う価値があるのだということを、和也に伝えようとしている。よって、アが適する。

問７　問４の解説にあるように、藤巻先生と和也の関係は、今はあまりうまくいっていない。それでも、ともに花火をする二人の横顔は「よく似ている」と表現することで、二人は似たようなところがあり、簡単に関係が切れることはないことを暗示している。よって、エが適する。

数学解答

1　(1)ア．9　(2)イ．3　ウ．7　(3)エ．1　オ．2　カ．5　(4)キ．1　ク．4　(5)ケ．1　コ．3　サ．2　シ．5　(6)ス．2　セ．7　ソ．2　タ．8　(7)チ．1　ツ．9　(8)テ．4　ト．1　ナ．3

2　(1)ア．2　イ．5　ウ．5　エ．2　(2)オ．－　カ．1　キ．5　(3)ク．1　ケ．2　コ．1　サ．5　シ．2

3　(1)ア．7　イ．7　(2)ウ．1　エ．6　オ．4　カ．3　キ．6　ク．4

4　(1)ア．2　イ．3　(2)ウ．3　エ．2　オ．9　(3)カ．7　キ．3　(4)ク．7　ケ．1　コ．7　サ．6

数学解説

1　(1)　与式$=-3+2\times\{(\frac{5}{2})^2-\frac{1}{4}\}=-3+2\times(\frac{25}{4}-\frac{1}{4})=-3+2\times6=-3+12=$**9**

(2)　与式より，$x^2-6x=-2$　$x^2-6x+9=-2+9$　$(x-3)^2=7$　$x-3=\pm\sqrt{7}$　$x=$**$3\pm\sqrt{7}$**

(3)　**【解き方】$a<0$だから，$y=ax+b$のグラフは右下がりの直線となる。したがって，$x=-4$のとき$y=7$，$x=2$のとき$y=4$となる。**

$y=ax+b$に$x=-4$，$y=7$を代入すると$7=-4a+b$となり，$x=2$，$y=4$を代入すると$4=2a+b$となる。これらを連立方程式として解くと，$a=-\frac{1}{2}$，$b=5$となる。

(4)　**【解き方】(変化の割合)$=\frac{(yの増加量)}{(xの増加量)}$で求める。**

$y=-\frac{3}{x}$において，$x=1$のとき$y=-\frac{3}{1}=-3$，$x=3$のとき$y=-\frac{3}{3}=-1$だから，この場合の変化の割合は，$\frac{-1-(-3)}{3-1}=1$である。$y=ax^2$において，$x=1$のとき$y=a\times1^2=a$，$x=3$のとき$y=a\times3^2=9a$だから，この場合の変化の割合は，$\frac{9a-a}{3-1}=4a$と表せる。よって，$4a=1$より，$a=\frac{1}{4}$

(5)　**【解き方】2回の取り出し方の数は，(1回目の取り出し方の数)×(2回目の取り出し方の数)で求められる。**

1回目も2回目も取り出し方は5通りずつあるから，取り出し方は全部で，$5\times5=25$(通り)ある。

2個の赤玉を区別すると，赤玉の取り出し方は1回目も2回目も2通りずつあるから，2回分の取り出し方は，$2\times2=4$(通り)ある。同様に，2回とも白玉となる取り出し方は$3\times3=9$(通り)ある。

よって，同じ色を取り出す取り出し方は$4+9=13$(通り)あるから，求める確率は$\frac{13}{25}$である。

(6)　10個のデータを小さい順に並べると，12，16，17，24，25，29，30，33，35，40となる。

中央値は小さい方から5番目と6番目の値の平均だから，$(25+29)\div2=$**27**(kg)

範囲は，(最大値)－(最小値)$=40-12=$**28**(kg)

(7)　**【解き方】円の接線は接点を通る半径に垂直だから，右のように作図できる。**

三角形の外角の性質より，$\angle ADB=37°+15°=52°$

$\triangle OBD$の内角の和より，$\angle DOB=180°-90°-52°=38°$

円周角は，同じ弧に対する中心角の半分の大きさだから，

$\angle OAB=\frac{1}{2}\angle DOB=\frac{1}{2}\times38°=$**19°**

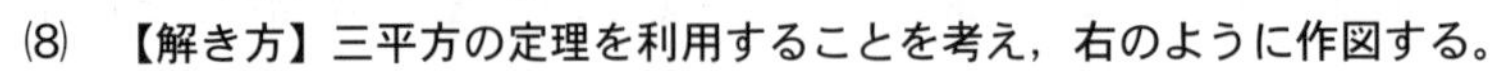

(8)　**【解き方】三平方の定理を利用することを考え，右のように作図する。**

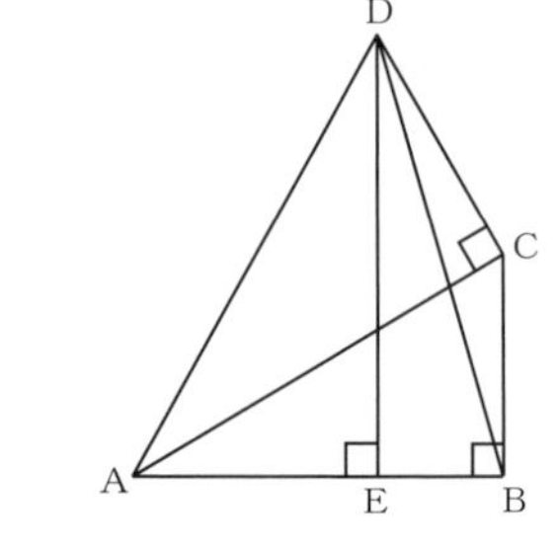

直角三角形ABCにおいて，$BC:AB=\sqrt{3}:3=1:\sqrt{3}$だから，

$\triangle ABC$は3辺の比が$1:2:\sqrt{3}$の直角三角形なので，$AC=2BC=2\sqrt{3}$

$CD:AC=2:2\sqrt{3}=1:\sqrt{3}$だから，$\triangle ACD$も3辺の比が$1:2:\sqrt{3}$の直角三角形なので，$AD=2CD=4$

$\angle EAD=30°+30°=60°$だから，$\triangle DEA$も3辺の比が$1:2:\sqrt{3}$の直角三角形なので，$AE=\frac{1}{2}AD=2$，$DE=\sqrt{3}AE=2\sqrt{3}$

三平方の定理より，$BD=\sqrt{DE^2+EB^2}=\sqrt{(2\sqrt{3})^2+(3-2)^2}=\sqrt{13}$

2　(1)　$y=ax^2$のグラフはAを通るから，$y=ax^2$に$x=-5$，$y=10$を代入すると，$10=a\times(-5)^2$より，$a=\frac{2}{5}$

$y=\frac{2}{5}x^2$にBのx座標の$x=\frac{5}{2}$を代入すると，$y=\frac{2}{5}\times(\frac{5}{2})^2=\frac{5}{2}$となるので，B$(\frac{5}{2}, \frac{5}{2})$

(2)　A，Bの座標から，直線ABの傾きは，(yの増加量)÷(xの増加量)$=(\frac{5}{2}-10)\div\{\frac{5}{2}-(-5)\}=$**$-1$**

直線AB上においてAからx座標が5増えて0になると，y座標は$5\times(-1)=-5$増えて$10-5=5$となるから，直線ABの切片は**5**である。

(3)(i)　**【解き方】四角形OAPBの面積は，**

$\triangle OPA+\triangle OPB=\frac{1}{2}\times OP\times$(AとOの$x$座標の差)$+\frac{1}{2}\times OP\times$(BとOの$x$座標の差)$=\frac{1}{2}\times OP\times\{$(AとOの$x$座標の差)+(BとOの$x$座標の差)$\}=\frac{1}{2}\times OP\times$(AとBの$x$座標の差)で求められる。

$OP=t$，(AとBのx座標の差)$=\frac{5}{2}-(-5)=\frac{15}{2}$だから，四角形OAPBの面積について，

$\frac{1}{2}\times t\times\frac{15}{2}=45$　　$t=12$　　これは$t>0$に合う。

（ⅱ）**【解き方１】直線ＡＢとy軸の交点をＱとすると，△ＯＡＰにおいて角の二等分線の定理より，ＡＯ：ＡＰ＝ＯＱ：ＱＰとなることから，ｔの方程式をたてる。**

三平方の定理より，$AO=\sqrt{(\text{AとOの}x\text{座標の差})^2+(\text{AとOの}y\text{座標の差})^2}=\sqrt{\{0-(-5)\}^2+10^2}=5\sqrt{5}$

$AP=\sqrt{(\text{AとPの}x\text{座標の差})^2+(\text{AとPの}y\text{座標の差})^2}=\sqrt{\{0-(-5)\}^2+(10-t)^2}=\sqrt{t^2-20t+125}$

Ｑ(０，５)だから，ＯＱ＝５，$QP=t-5$

ＡＯ：ＡＰ＝ＯＱ：ＱＰより，$5\sqrt{5}:\sqrt{t^2-20t+125}=5:(t-5)$

$5\sqrt{t^2-20t+125}=5\sqrt{5}(t-5)$　　$\sqrt{t^2-20t+125}=\sqrt{5}(t-5)$

$t-5>0$だから，この式の両辺はともに正の数なので，２乗しても等式が成り立つから，

$t^2-20t+125=5(t-5)^2$　　これを解くと$t=0$，$\frac{15}{2}$となり，$t>0$より，$t=\mathbf{\frac{15}{2}}$

【解き方２】Ｂの座標より直線ＯＢの傾きが$\frac{5}{2}\div\frac{5}{2}=1$で，直線ＡＢの傾きが－１だから，∠ＯＢＡ＝90°である。したがって，∠ＰＡＢ＝∠ＯＡＢのとき，右図のように△ＯＡＣを作図して考える。

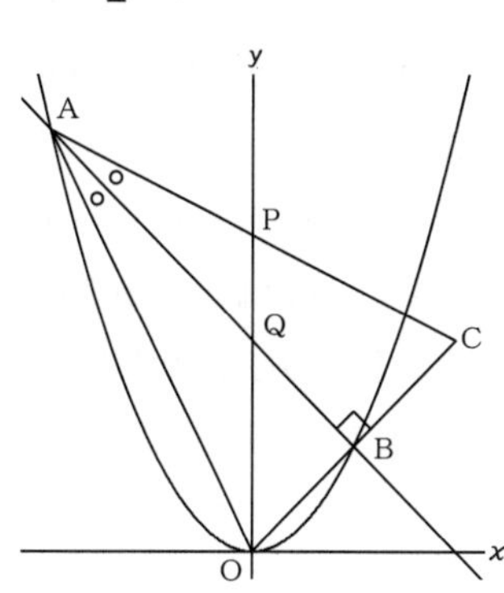

△ＡＢＯ≡△ＡＢＣだから，ＯＢ：ＯＣ＝１：２である。

このことと，Ｏ，Ｂ，Ｃが同一直線上の点であることから，

(ＯとＣのx座標の差)＝(ＯとＢのx座標の差)×２＝$\frac{5}{2}\times2=5$

したがってＣのx座標は５であり，y座標も５だから，Ｃ(５，５)

直線ＡＣの式を求めると，$y=-\frac{1}{2}x+\frac{15}{2}$となるので，$t=\mathbf{\frac{15}{2}}$となり，

$t>0$に合う。

3 (1)　$\frac{3.08}{40}\times100=7.7(\%)$

(2)　**【解き方】野菜Ａ200ｇにおける可食部の重さをxｇ，廃棄部の重さをyｇとして，重さの合計の式と食物繊維の重さの合計の式を連立させる。**

重さの合計について，$x+y=200$…①

可食部には100ｇあたり2.7ｇの食物繊維が含まれるから，xｇには食物繊維が$2.7\times\frac{x}{100}=\frac{2.7}{100}x$(ｇ)含まれる。

(1)より廃棄部には100ｇあたり7.7ｇの食物繊維が含まれるから，yｇには食物繊維が$7.7\times\frac{y}{100}=\frac{7.7}{100}y$(ｇ)含まれる。野菜Ａ200ｇには食物繊維が$3.6\times\frac{200}{100}=7.2$(ｇ)含まれるから，食物繊維の重さの合計について，

$\frac{2.7}{100}x+\frac{7.7}{100}y=7.2$　　$27x+77y=7200$…②

②－①×27でxを消去すると，$77y-27y=7200-5400$　　$50y=1800$　　$y=36$

①に$y=36$を代入すると，$x=164$となる。よって，可食部は**164**ｇ，廃棄部は**36**ｇである。

可食部164ｇに含まれるエネルギーは$54\times\frac{164}{100}=88.56$(kcal)，野菜Ａ200ｇに含まれるエネルギーは$45\times\frac{200}{100}=$ 90(kcal)だから，廃棄部36ｇに含まれるエネルギーは，$90-88.56=1.44$(kcal)

よって，廃棄部100ｇあたりのエネルギーは，$1.44\times\frac{100}{36}=\mathbf{4}$(kcal)

4 (1)　**【解き方】図２においてＡＣ//ＥＧだから，△ＪＢＫ∽△ＧＦＫである。**

△ＪＢＫ∽△ＧＦＫより，ＢＫ：ＦＫ＝ＪＢ：ＧＦ＝１：２だから，ＢＫ：ＢＦ＝１：(１＋２)＝１：３

よって，$BK=\frac{1}{3}BF=\mathbf{\frac{2}{3}}$(cm)

⑵　**【解き方】ＡＢ//ＮＣだから，△ＢＭＪ∽△ＡＩＪ∽△ＤＩＮとなる。△ＡＩＪが直角二等辺三角形だから，△ＢＭＪと△ＤＩＮも直角二等辺三角形である。**

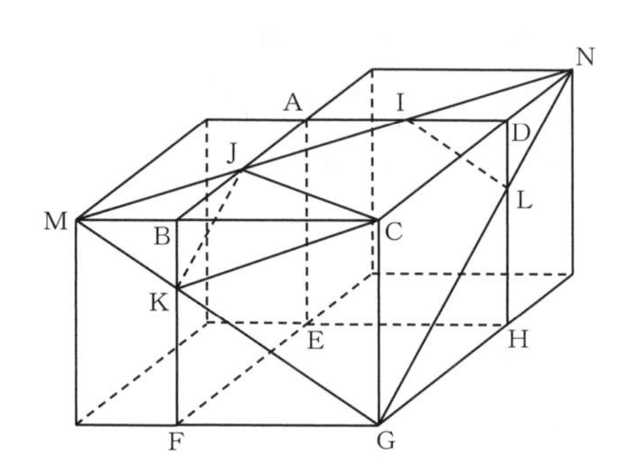

ＢＭ＝ＢＪ＝１㎝だから，ＣＭ＝２＋１＝３（㎝）

△ＢＭＪ∽△ＣＭＮだから，△ＣＭＮも直角二等辺三角形なので，

ＣＮ＝ＣＭ＝３㎝　　$\triangle CMN=\frac{1}{2}\times 3\times 3=\frac{9}{2}$（㎠）

よって，三角すいＧ－ＣＭＮの体積は，$\frac{1}{3}\times\frac{9}{2}\times 2=\mathbf{3}$（㎤）

$\triangle BJK=\frac{1}{2}\times\frac{2}{3}\times 1=\frac{1}{3}$（㎠），ＢＣ＝２㎝だから，

三角すいＣ－ＢＪＫの体積は，$\frac{1}{3}\times\frac{1}{3}\times 2=\mathbf{\frac{2}{9}}$（㎤）

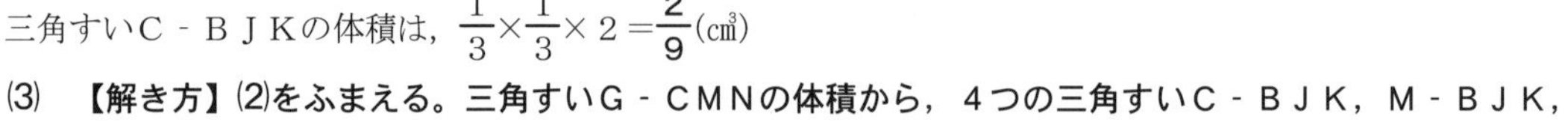

⑶　**【解き方】⑵をふまえる。三角すいＧ－ＣＭＮの体積から，４つの三角すいＣ－ＢＪＫ，Ｍ－ＢＪＫ，Ｃ－ＤＩＬ，Ｎ－ＤＩＬの体積を引けばよい。**

$\triangle BJK=\frac{1}{3}$㎠，ＢＭ＝１㎝だから，三角すいＭ－ＢＪＫの体積は，$\frac{1}{3}\times\frac{1}{3}\times 1=\frac{1}{9}$（㎤）

三角すいＣ－ＤＩＬ，Ｎ－ＤＩＬの体積の和は，三角すいＣ－ＢＪＫ，Ｍ－ＢＪＫの体積の和と等しく，

$\frac{2}{9}+\frac{1}{9}=\frac{1}{3}$（㎤）だから，五角すいＣ－ＩＪＫＧＬの体積は，$3-\frac{1}{3}\times 2=\mathbf{\frac{7}{3}}$（㎤）

⑷　**【解き方１】五角すいＣ－ＩＪＫＧＬの体積と高さから，底面積である五角形ＩＪＫＧＬの面積を求める。右図はＡ，Ｅ，Ｇ，Ｃがある平面上であり，ＰＧは五角形ＩＪＫＧＬ上とこの平面が交わる線，ＯはＡＣの中点である。五角すいＣ－ＩＪＫＧＬの高さはＣＱの長さである。**

ＣＰの長さを求めるために，立体の見取り図に戻って考える。

ＯはＡＣとＢＤの交点，ＰはＡＣとＪＩの交点であり，

ＪＩ//ＢＤだから，ＡＰ：ＰＯ＝ＡＪ：ＪＢ＝１：１

したがって，$AP=\frac{1}{2}AO$で，ＡＯ＝ＣＯだから，$AP:AC=\frac{1}{2}AO:2AO=1:4$

$CP=\frac{4-1}{4}AC=\frac{3}{4}\times\sqrt{2}AB=\frac{3\sqrt{2}}{2}$（㎝），ＣＧ＝２㎝だから，三平方の定理より，

$PG=\sqrt{CP^2+CG^2}=\sqrt{(\frac{3\sqrt{2}}{2})^2+2^2}=\frac{\sqrt{17}}{\sqrt{2}}$（㎝）

△ＣＰＧの面積について，$\frac{1}{2}\times PG\times CQ=\frac{1}{2}\times CP\times CG$　　$\frac{\sqrt{17}}{\sqrt{2}}CQ=\frac{3\sqrt{2}}{2}\times 2$

$CQ=3\sqrt{2}\times\frac{\sqrt{2}}{\sqrt{17}}=\frac{6}{\sqrt{17}}$（㎝）

よって，五角すいＣ－ＩＪＫＧＬの体積について，$\frac{1}{3}\times$（五角形ＩＪＫＧＬの面積）$\times\frac{6}{\sqrt{17}}=\frac{7}{3}$

（五角形ＩＪＫＧＬの面積）$=\frac{7}{3}\times\frac{\sqrt{17}}{2}=\mathbf{\frac{7\sqrt{17}}{6}}$（㎠）

【解き方２】図３において，五角形ＩＪＫＧＬの面積は△ＭＧＮの面積の何倍かを考える。

⑵より，$MN=\sqrt{2}CM=3\sqrt{2}$（㎝）

三平方の定理より，$MG=\sqrt{CM^2+CG^2}=\sqrt{3^2+2^2}=\sqrt{13}$（㎝）

△ＭＧＮはＧＭ＝ＧＮの二等辺三角形だから，右の図①のように作図できる。

図①

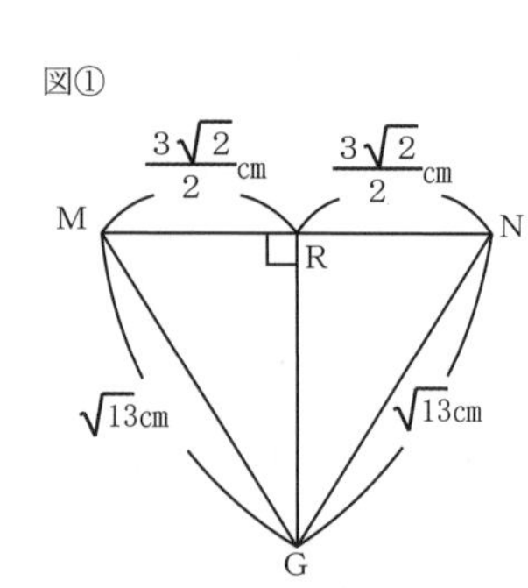

三平方の定理より，$GR=\sqrt{GM^2-MR^2}=\sqrt{(\sqrt{13})^2-(\frac{3\sqrt{2}}{2})^2}=\frac{\sqrt{17}}{\sqrt{2}}$（㎝）

$\triangle MGN=\frac{1}{2}\times 3\sqrt{2}\times\frac{\sqrt{17}}{\sqrt{2}}=\frac{3\sqrt{17}}{2}$（㎠）

五角形ＩＪＫＧＬの面積は，△ＭＧＮ－△ＭＪＫ－△ＮＩＬであり，

$\triangle \mathrm{MJK}=\triangle \mathrm{MGN}\times\frac{\mathrm{MJ}}{\mathrm{MN}}\times\frac{\mathrm{MK}}{\mathrm{MG}}$，△ＭＪＫ＝△ＮＩＬから計算してもよいが，

次のように考えるとより簡単に求められる。

Ｊ，ＩはMNの３等分点で，KはMGの３等分点の１つ，

ＬはＮＧの３等分点の１つだから，

△ＭＧＮの各辺の３等分点を結んで図②のように作図できる。

図②で△ＭＧＮは合同な９個の三角形に分けられており，五角形ＩＪＫＧＬは

その三角形７個分だから，五角形ＩＪＫＧＬの面積は，

$\frac{7}{9}\triangle \mathrm{MGN}=\frac{7}{9}\times\frac{3\sqrt{17}}{2}=\frac{7\sqrt{17}}{6}$（㎠）

図②

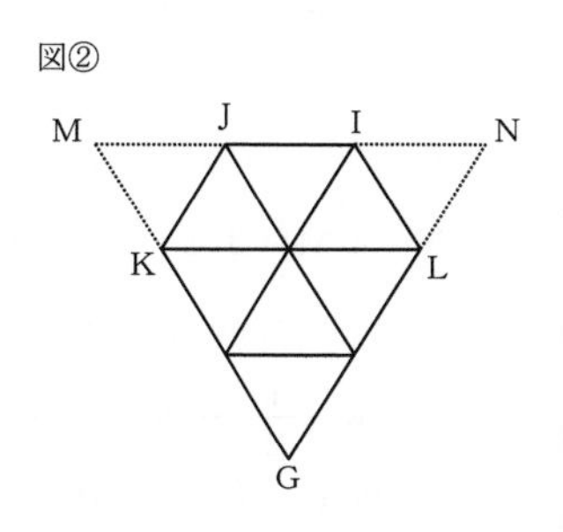

英語解答

1　1．ウ　2．エ　3．イ　4．ア　5．エ

2　1．ア　2．ウ　3．エ　4．イ　5．ア

3　問１．⑴イ　⑵ウ　⑶エ　⑷ア　⑸ア　⑹ウ　問２．⑴ウ　⑵オ

4　［３番目／５番目］　1．［エ／カ］　2．［ウ／カ］　3．［ウ／イ］　4．［イ／ウ］
5．［エ／ウ］

5　問１．⑴ウ　⑵エ　⑶イ　問２．イ　問３．ア

6　問１．ア　問２．イ　問３．ウ　問４．ウ　問５．ア　問６．イ　問７．イ

英語解説

1　1　上の文は「これはとても難しい質問だ。誰も答えることはできない」，下の文は「誰がこのとても難しい質問に答えられるか，私たちにはわからない」という意味。下の文は文中に疑問詞（ここでは who）を含む間接疑問の文。　・nobody「誰も～ない」

2　上の文は「私の兄（弟）はギターを弾くことに関心がある」，下の文は「私の兄（弟）の趣味はギターを弾くことだ」という意味。　・be interested in ～「～に関心がある／興味がある」

3　上の文は「私はニューヨークに（１度も）行ったことがない」，下の文は「私がニューヨークを訪れるのは初めてだ」という意味。　〈have/has never＋過去分詞〉「今までに～したことがない」現在完了“経験”の否定文。
・first visit to ～「～へ訪れるのは初めてだ」

4　上の文，下の文ともに「ヒロミは私に新しいコンピュータの使い方を教えることができない」という意味。
・how to ～「～する方法」　・it is impossible for＋人＋to ～「(人)にとって～するのは不可能だ」

5　上の文は「私はスペイン語を話せないのでメアリーとおしゃべりすることができない」，下の文は「私はメアリーとおしゃべりしたい。私がスペイン語を話せたらいいのに」という意味。下の文は，現在の事実と違うことを表す仮定法過去の文。I wish に続く文は過去形にする。

2　1　A「ジョン，昨日，学校を欠席したんだけど，何か宿題はある？」→B「うん，英語の宿題があると思う」→A

「OK。それは何？」→B「ァノートをチェックさせて」の流れ。　・使役動詞 let ＋人＋動詞の原形「(人) に～させる」

2　A「うーん。今日は違って見えるよ，サトシ。これは新しい靴？」→B「うん。昨日，買ったばかりなんだ。まだきれいだろ。どうかな？」→A「ゥとても素敵だよ。その色がとても好きだ」の流れ。

3　A「今週末は何か予定がある？」→B「いいや。家にいるだけさ」→A「週末はよく家で過ごすことが多いの？」→B「ェたいていそうだよ。外出するのは好きじゃないんだ」の流れ。

4　A「冬休みの間に何かした？」→B「シドニーに行ったよ。オーストラリアに行ったことがある？」→A「いいや，でもィ行ってみたいと思っているよ。自然の中にいるコアラが見たいんだ」の流れ。　〈Have/Has＋主語＋ever＋過去分詞 ～?〉「今までに～したことがありますか？」現在完了“経験”の疑問文。

5　A「トモコ，その動物園は気に入った？」→B「素晴らしかったよ。私はパンダが大好きなの。今日，私を連れて行ってくれてありがとう」→A「どういたしまして。ァ来月にもう１度行くのはどう？」→B「うん，いいわね。たった１日で見るには（動物が）多すぎるもの」の流れ。　・How about ～ing?「～するのはどうですか？」

3 【本文の要約】参照。

問２　(1)「ストーリーを伝える動画と音声」＝ウ movies「映画」　(2)「同じではない」＝オ different「違った」

【本文の要約】

テレビゲームはあらゆる年齢層でプレイされています。今ではほとんどの人がテレビゲームをするときにゲーム機を使います。こうしたゲーム機は世界中の多くの家で(1)ィ見られ(＝can be found)，ほぼ毎日，使われます。

(2)ゥ昔(＝in the past)，ゲーム機はとても簡単な機械でした。それらはゲームをするのに使われるだけでした。しかしながら，ゲーム業界は変貌を遂げ，今やゲーム機は家庭での娯楽の中心機器のようです。それらは映画を(3)ェ見るため(＝to watch movies)や，インターネットを使うため，写真を見るために使うことができます。

現在，ゲーム機を作る会社は何社もあります。ゲーム機を作る際に，パワーや性能に焦点を合わせる会社もあります。プレイヤーはこれらのゲーム機の素早い動きや高品質のゲームが大好きです。ゲームは実にリアルに見えます。最近では，ますます多くの人が大好きなゲームをインターネットで(4)ァ他のプレイヤーと対戦しながら(＝against other players)プレイするのが好きです。この理由から，私たちはオンラインでほとんどの新しいゲームをプレイできるようになり，（その結果）新しいタイプのゲームが大人気になっています。

プレイヤーが運動する，あるいはプレイするのに動くといった新しいゲーム機や楽しいゲームを創作することに焦点を当てる会社もあります。こうしたゲーム機はあまりパワフルではありません。また違いもあります。なぜなら友達の家に行ったり，電車に乗ったりするときに携帯できるからです。プレイヤーはそのデザインゆえにどこでもゲームを(5)ァ楽しむ(＝enjoy)ことができます。

毎年，非常にたくさんのゲーム機が売り出され，多くの興味深いゲームが作られます。オンラインゲームは友達と繋がる重要な方法となっています。新しいゲームはますます発展し，(6)ゥ創意に富んだ(＝original)特徴やアイデアが満載です。

4　1　Do you mean the new restaurant which opened last weekend?：文意「この前の週末に開店した新しいレストランのことですか？」　・関係代名詞 which を使った文。

2　You've been reading it since we finished lunch.：文意「あなたは私たちが昼食を終えてからずっとそれを読んでいます」　・have/has been ～ing since …「…からずっと～し続けている」現在完了進行形の文。

3　Will you take them into the house before it gets dark?：文意「暗くなる前にそれらを家に取り込んでくれませんか？」　・Will you ～「～してくれませんか？」依頼を表す文。　take A into B「ＡをＢの中に入れる」

4　Don't wait for me if I'm late.：文意「もし私が遅刻したら，私を待たないでください」　・wait for ～「～を待つ」

5　I think we have to ask him to tell us again.：文意「もう１度私たちに話をしてくれるように彼に頼まなければならないと思います」　・have/has to ～「～しなければならない」　・ask＋人＋to ～「(人）に～するように頼む」

5 【本文の要約】参照。

問１⑴「A（木曜日の夜に外食する割合）の数字は（　　）である」…第２段落２～３行目と表１より，木曜日の夜に外食する割合は水曜日（８％）の半分だから，ウの４が適切。

⑵「Bの金曜日の(夜に外食する)割合は（　　）に違いない」…第３段落１～２行目と表１より，金曜日と土曜日の割合の合計＝100（合計）－（1（月曜日）＋2（火曜日）＋8（水曜日）＋4（木曜日）＋10（日曜日））＝75で，金曜日の方が高いから，エの45が適切。

⑶「（　　）はCの土曜日の(夜に外食する)割合である」…⑵より，75－45（金曜日）＝30だから，イの30が適切。

問２　（P）は第４段落３～４行目より，「両親が疲れすぎている」。第４段落４行目より，「気分転換（＝７％)」は（Q）の約半数だから，「家族全員の帰宅がとても遅い」。また，第４段落１～２行目より，上位３つの理由が両親だけに関することで，60％を超えているから，（R）は「両親と関係のない理由」で本文にない「子どもたちの誕生日」。したがって，イが適切。

問３　【ジュディによるまとめ】参照。家族が夜，外食する理由の多くは，夕食を作る両親の遅い帰宅や疲労である。また両親は外食の経費も気にかけている。この２点から，アが適切。イ「子どもたちだけが良い健康状態でいるべきだ」，ウ「家族はもっと頻繁に外食をすべきだ」，エ「家族は良い健康状態でいるべきだ」は不適切。

【本文の要約】

カケルと友人のジュディは日本のある大学に通っています。彼らは共同で人々の夜の外食行動に関する調査をすることにしました。彼らは小学生や中学生のいる300の家族にいくつか質問を発信しました。家族が夜，外食するのは何曜日が一番多いか，外食する第一位の理由は何かを彼らは質問しました。結果は下の表の通りです。

表１は，夜，外食する曜日を表しています。調査結果によると，月曜日の割合が最も低いです。月曜日に外食する家族はたった１パーセントでした。木曜日に外食する家族の割合は水曜日の割合の半分でした。日曜日に外食する家族は10パーセントでした。

外食するのに金曜日か土曜日の夜を選ぶ家族の割合は70パーセントを超え，金曜日は土曜日より高い割合を示しました。外食するのに土曜日ではなく金曜日を選ぶ家族の方が多いのはなぜでしょうか？多くの大人たちと子どもたちは週５日勤務で，土曜日と日曜日が休暇です。それで，１週間の仕事や学校が終わったごほうびとして金曜日の夜に外食します。

表２では，夜に外食する様々な理由を見ることができますが，回答の60パーセント以上は両親だけと関係があります。問２（P）家族の食事を作るのはたいてい両親で，他の家族は時々料理を手伝うだけです。結果，両親が夕食を作れないとき，その家族は外食をします。問２（Q）「気分転換に」の割合は「家族全員の帰宅が遅い」の約半分です。

調査では，たいていの子どもたちがもっと頻繁に外食したいことも表していますが，両親の約50パーセントは外食が多すぎると考えています。彼らはレストランで食事をする経費を気にかけています。

【ジュディによるまとめと感想】

調査は，質問に回答した60パーセントを超える家族が，両親の帰宅があまりに遅かったり，両親があまりに疲れていたりするときに外食すると述べています。またこの調査は，両親がレストランで食事をする経費を気にかけていることも表しています。もしこれが真実なら，ァ家族の他のメンバーはもっと頻繁に夕食を作るべきです。

6 【本文の要約】参照。

問１「学校では」に続くのは，アが適切。イ「私は英語の授業で，他の生徒より速く英語を話すことができない」，ウ「私たちは英語の授業でコンピュータの使い方を知らない」は不適切。

問２　直前の文に続くのはイが適切。ア「私は放課後，図書館に行きたくない」，ウ「学校の近くにある書店はいつも８時に閉店する」は不適切。

問３　第１段落の最後の文より，ウ「話したり書いたりする」が適切。

問４　直後の Through these media より，ウが適切。ア「インターネットは新しい単語を検索するのに適した方法ではない」，イ「インターネットは友達を作ったり，『自然な英語』でコミュニケーションを図ったりするのに適した方法ではない」は不適切。

問５　話の内容が変わるので，アが適切。イ「数年で」，ウ「最近では」は不適切。

問６　[4]の前にある they speak it on TV and on the radio より，イ「テレビやラジオの番組で英語を話す人々」が適切。ア「著者の先生や友達」，ウ「著者の母と祖母」は不適切。

問７　ア×「私は著者に同意しません。あなたは外国を相手にビジネスをするときに正確な英語を使うべきです」…本文にない内容。　イ○「著者の意見によると，英語を学ぶことは外国の文化を理解するだけではなく，外国とビジネスをするにも必要です。私もそう思います」…著者の意見の内容と一致する。　ウ「それは興味深いです。著者は英語を学ぶのに，×テレビやラジオはウェブサイトやソーシャルメディアほど重要ではないと述べています」

【本文の要約】

現在，英語は世界中の多くの分野で使われています。様々な国の人々とコミュニケーションをとるために，例えばビジネスにおいて，英語を学ぶことはますます重要になっています。しかしながら，私の友達の何人かは，英語を聞いたり読んだりするのは得意ですが，話したり書いたりするのは苦手です。私は将来に備えて，英語を正確に話したり書いたりしたいと思っています。

英語を上達させる効果的な方法は，それをどこであっても使うことだと思います。学校では，[1ア英語は英語の授業があるときしか使われず]，私はそれでは十分でないと思っています。この理由で，私はいつも放課後に先生とのコミュニケーションを図るために，また友達と話すために英語を使おうとしています。

英語を上達させるもう１つの方法は，読むことです。[2イ私はたくさんの英語の本を家や図書館で読んでいます]。新しい考えや新しい表現を学ぶことはおもしろいです。出版物を読むことは価値があると思います。なぜなら間違いがなく信頼できるからです。読むことを通して，私は[3ウ話したり書いたりする]際に英語を正確に使う方法も学んでいます。

テレビやラジオ，ウェブサイトやソーシャルメディアも英語を上達させる良い方法です。私は，彼らがテレビやラジオで話すように，自然に英語を話したいです。[4ウウェブサイトやソーシャルメディアは「自然に」書かれた英語を学ぶのに実に良い方法です]。このようなメディアを通じて，私たちは多くの知らない人々とつながることもできれば，彼らの文化や国について学ぶこともできます。

[5アところで]，私の母と祖母はおよそ 30 年前にこの国へ来ました。母はこの街で父と出会いました。私は将来，海外で多くの品物を売買して家族を支えたいと思っています。私が英語を熱心に勉強しているのは，英語を正確に使うことでビジネスにおいて失敗することがないだろうと思っているからです。

担任の先生は言います。「英語は外国の生活や文化，歴史への扉です」と。私が今，学んでいることはビジネスにおいても役に立つと思っています。それでビジネスにおいて成功するために，また家族を助けるために，英語の向上にベストを尽くします。

私は学校で授業を受けたり，友達と話したり，本を読んだりして英語を学んでいます。担任の先生は，英語を学ぶ喜びは至る所にあるとも言います。私に関しては，「正確な」英語を使うことを楽しんでいます。英語を使うのをみんなが楽しむことを期待しています。

国語
数学
英語
理科
社会

理科解答

1	問1．ア．2　イ．0　問2．ア　問3．イ，エ　問4．イ　問5．イ　問6．ウ 問7．ア　問8．①ア　②キ
2	問1．ア，ウ　問2．オ　問3．イ　問4．ク
3	問1．ア．2　イ．0　ウ．0　問2．カ　問3．ケ　問4．エ 問5．ア．0　イ．7　ウ．1　問6．ウ
4	問1．①ウ　②カ　問2．1．ア　2．観測される時間帯…イ　月の形…カ　問3．エ
5	問1．エ　問2．イ　問3．1．イ　2．エ　問4．ア
6	問1．ウ　問2．ア，エ　問3．エ　問4．ウ　問5．ア．6　イ．0 問6．数値…オ　単位…ク

理科解説

1 **問1**　340×6＝2040(m)→2.04km→2.0km

問2　水槽を上から見た場合とは異なり，ストローから出た光が面Aに対して垂直に進むので，屈折せずに直進する。

問3　うすい塩酸を電気分解すると，陰極から水素，陽極から塩素が発生する〔$2HCl \rightarrow H_2 + Cl_2$〕。アとウは水素，イとエは塩素の性質である。

問4　ア，エ×…固体から液体への状態変化である。　イ○…金属が電子を放出し，酸性の水溶液中の水素イオンが電子を受けとって水素原子となり，それが2個結びついて水素分子ができる〔$2H^+ + 2e^- \rightarrow H_2$〕。　ウ×…溶解である。状態変化や溶解のように物質自体が変化しない反応を，化学変化に対して物理変化という。

問5　イヌワラビは種子をつくらず胞子でふえるシダ植物，マツは子房がなく胚珠がむき出しになっている裸子植物である。また，胚珠が子房の中にある被子植物のユリとツツジのうち，ユリは子葉が1枚の単子葉類，ツツジは子葉が2枚の双子葉類である。

問6　Aの時期の染色体は複製によって，染色体が2本ずつくっついた状態になっている。Bの時期は，それぞれが1本ずつに分かれて2つの細胞に入るように，両端に移動した状態である。図2で，2本ずつくっついている染色体のそれぞれについて，点線の左右で分かれたものが上下に1本ずつ移動するので，ウが正答となる。

問7　冬になるとシベリア気団の勢力が強くなるため，大陸側が高気圧，太平洋側が低気圧になる西高東低の気圧配置になりやすい。

問8　①アが震源，ウが震央である。　②キが地震の規模(エネルギーの大きさ)を表すもの，オが観測地点での揺れの程度を表すものである。

2 **問1**　光合成で取り入れる物質は二酸化炭素〔CO_2〕，呼吸で取り入れる物質は酸素〔O_2〕であり，蒸散で取り入れる物質はない。なお，光合成では水〔H_2O〕も材料となるが，これは気孔ではなく根から取り入れたものである。

問2　ワセリンをぬったところでは蒸散が起こらない。蒸散が起こる場所は，Aが葉の表・葉の裏・茎，Bが葉の裏・茎，Cが葉の表・茎である。よって，(a－b)で葉の表，(a－c)で葉の裏からの蒸散量を求められるので，

葉の表と裏からの蒸散量は，（ａ－ｂ）＋（ａ－ｃ）＝２ａ－（ｂ＋ｃ）で求められる。

問３　図２より，蒸散量が変化すると，それに遅れて茎における流量が同じように変化することがわかる。

問４　①８時から12時までは二酸化炭素濃度が大きく減少していった（光合成によって二酸化炭素が使われた）ことがわかる。　②気温が上昇すると飽和水蒸気量が大きくなるので，水蒸気量が変化しなければ湿度は下がる。この日は水やりをしていないので，湿度が下がったことで植物が体内の水分を失わないように気孔を閉じたと考えられる。　③気孔が閉じると，水蒸気は放出されず，光合成に必要な二酸化炭素を取り込むことができない。

3　**問１**　$\frac{90-10}{0.6-0.2}=200$（cm/s）

問２　斜面を下るとき，オの方向の重力とクの方向の斜面からの垂直抗力がはたらき，それらの力の合力の向きが物体の運動と同じ向き（カ）になるため，速さが増加する運動になる。

問３　水平面上では，オの方向の重力とアの方向の水平面からの垂直抗力が同じ大きさではたらくため，物体にはたらく力がつり合って，等速直線運動になる。よって，ケが正答となる。

問４　斜面を上がるとき，オの方向の重力とイの方向の斜面からの垂直抗力がはたらき，それらの力の合力の向きが物体の運動と反対向き（エ）になるため，速さが減少する運動になる。

問５　図１で，Ｐの真下の水平面と同じ高さの点をｐ，Ｑの真下の水平面と同じ高さの点をｑとすると，力学的エネルギーの保存より，ＰとＱの水平面からの高さは等しくなるので，Ｐｐ＝Ｑｑとなる。ここで，Ｐｐ＝Ｑｑ＝xとすると，△ＰＢｐは１つの鋭角が30度の直角三角形だから，ＰＢ＝Ｐｐ×２＝２xとなり，△ＱＣｑは直角二等辺三角形だから，ＱＣ＝Ｑｑ×$\sqrt{2}$＝1.41xとなる。よって，1.41x÷２x＝0.705→0.71倍である。

問６　ＣＤの傾きはＡＢよりも大きく，ＣＤ上の方が斜面に沿う下向きの力が大きいため，最初の0.2秒間での移動距離がＡＢのときよりも大きいウかエのどちらかである。また，斜面を下る運動は速さが増加する。0.2秒後からの0.2秒ごとの移動距離に着目すると，エでは移動距離の増加が60cmで一定になっている，つまり等速直線運動になっているから，エは適当ではない。

4　**問１**　②月食は，太陽・地球・月の順に一直線に並ぶ満月のとき，満月が地球の影に入ることで欠けて見える現象である。

問２．１　日食は，太陽・月・地球の順に一直線に並ぶ新月のとき，太陽が新月に隠されることで欠けて見える現象である。図１のときの月は下弦の月だから，１ヶ月以内で新月になる時期としてはアが適当である。　**２**　下弦の月は，明け方（午前６時ごろ）の南の空で，向かって左側が光って見える半月である。

問３　地球と金星がそれぞれＸからＹに移動する間，金星は地球から見て常に太陽の左側にあるので，金星の右側が欠けて見えることはない（アとイは適当ではない）。また，地球と金星を結んだ直線と，金星と太陽を結んだ直線が垂直に交わるとき，金星が半月状に見える。ＸとＹでは，金星が半月状に見えるときよりも金星が遠くにあるので，金星は半月状よりも満ちて見えるから，エが正答となる。

5　**問１**　〔質量パーセント濃度（%）＝$\frac{\text{溶質の質量（g）}}{\text{溶液の質量（g）}}\times100$〕で求める。図より，硝酸カリウムは60℃の水100ｇに約110ｇまでとけるので，$\frac{110}{100+110}\times100=52.3\cdots\rightarrow52$%となる。

問２　温度が同じであれば，溶質がとける最大の質量は溶媒の質量に比例するので，水80ｇに硝酸カリウム26ｇをとかすということは，水100ｇに$26\times\frac{100}{80}=32.5$（ｇ）とかすことと同じである。よって，図で，溶解度が32.5ｇになるときの温度を読み取ればよいので，約20℃である。

問３．２　20℃での溶解度は，ミョウバンが約11ｇ，食塩が約36ｇだから，温度を20℃まで下げてろ過したときに，ろ液に含まれるミョウバンは約11ｇ，食塩は１ｇである。よって，質量比は，ミョウバン：食塩＝11：１である。

問4　水の温度が20℃のとき，ミョウバンの溶解度は約11ｇである。ここから水の温度を上げていくと，溶解度が大きくなるにつれて，とけ残っていたものが少しずつとけていくから，濃度は少しずつ高くなっていく。水の温度が約52℃になると，加えた40ｇのミョウバンがすべてとけ，濃度が最高になる。その後，さらに温度を高くしても，水溶液と溶質の質量の割合は変化しないので，濃度は一定に保たれる。

6 **問1**　ヒトの呼気に含まれるおもな成分として，窒素〔N_2〕，酸素〔O_2〕，二酸化炭素〔CO_2〕，水蒸気〔H_2O〕が考えられる。ウとエが単体の窒素か酸素であり，●が他の分子にも見られることから，ウが窒素，エが酸素である。また，●の数から，アが二酸化炭素，イが水蒸気(水)である。呼気に最も多く含まれるものは，吸気と同様に窒素である。

問2　二酸化炭素を多く含んだ血液(静脈血)が流れる血管は，全身から心臓に戻ってくる血液が流れる大静脈と，心臓から肺へ送られる血液が流れる肺動脈である。

問3　１Ｌ→1000㎤→0.001㎥に40mL→40㎤の二酸化炭素が含まれているので，１㎥では40000㎤の二酸化炭素が含まれていることになり，その濃度は40000ppmである。よって，空気中の二酸化炭素濃度は400ppmだから，40000÷400＝100(倍)である。

問4　炭酸カルシウムは石灰岩の主成分で，塩酸と反応して二酸化炭素を発生させる。

問5　図２より，ＬＥＤに加わる電圧が2.1Ｖのとき，流れる電流は20mA→0.02Ａである。このとき，抵抗に3.3－2.1＝1.2(Ｖ)の電圧がかかり，0.02Ａの電流が流れるようにすればよいので，〔抵抗(Ω)＝$\frac{電圧(V)}{電流(A)}$〕より，$\frac{1.2}{0.02}$＝60(Ω)となる。

問6　熱量と電力量は等しいと考えてよい。〔電力(Ｗ)＝電圧(Ｖ)×電流(Ａ)〕より，抵抗の電力は1.2×0.02＝0.024(Ｗ)である。また，抵抗に電流が流れる(ＬＥＤが光る)のは，センサーの値が1000ppmを超えたときだから，図４より，約30分→1800秒である。よって，〔電力量(Ｊ)＝電力(Ｗ)×時間(ｓ)〕より，0.024×1800＝43.2(Ｊ)となる。

社会解答

1 問１．イ　問２．ア　問３．イ　問４．イ

2 問１．エ　問２．イ　問３．ウ

3 問１．カ　問２．エ

4 問１．ア　問２．エ

5 問１．イ　問２．エ　問３．ウ

6 問１．ウ　問２．イ　問３．ウ　問４．ウ

7 問１．ウ　問２．カ　問３．ウ

8 問１．ア　問２．イ　問３．ア　問４．エ

社会解説

1 **問1**　イ　　Ｂ国はサウジアラビアであり，１年を通して降水量が少ない砂漠気候の地域がほとんどなのでイを選ぶ。アは１月の気温の方が７月の気温より高いので南半球のＤ(オーストラリア)，ウは冬に冷え込み，年降水量が

比較的多いので日本の内陸の気候に近いC(韓国)，エは1年を通して気温が高く年降水量も比較的多いので，低緯度地域のA(ナイジェリア)と判断する。

問2　ア　　図2の人口ピラミッドは富士山型である。これは多産多死型を意味し，発展途上国によく見られる型である。平均寿命は短く，乳児死亡率も高いAと判断する。

問3　イ　　ナイジェリアは原油輸出に依存したモノカルチャー経済である。また，オーストラリアは，鉄鉱石・石炭などの鉱産資源の輸出が多い。以上のことから，Xを原油，Yを自動車，Zを鉄鉱石と判断する。

問4　イ　　1人あたりの国民総所得が少ないアはナイジェリアである。イ～エは1人1日あたりの食料供給量で判断していく。穀物と魚介類が多いイは韓国，肉類と牛乳・乳製品が多いウは畜産のさかんなオーストラリア，肉類や魚介類など動物性の食料が少ないエは，イスラム教徒が多いサウジアラビアと判断する。

2　**問1**　エ　　Cは，年平均気温も高く，夏の降水量が多いことから，太平洋側の気候の鹿児島県鹿児島市である。鹿児島県には，川内原子力発電所・山川地熱発電所・川内川水力発電所などがある。Aの長野県長野市はア，Bの香川県高松市はウ，Dの福井県福井市はイである。

問2　イ　　まず表1のHの県を決める。4県中面積が最も広く，最も高い地点の標高が 3000mをこえていること，県庁から海までの最短距離が最も長いことから，内陸に位置し，日本アルプスが連なる長野県と判断する。長野県は，野菜(キャベツ・レタス等)と果実(りんご・ぶどう等)の生産がさかんだからイである。Eの香川県はウ，Fの福井県はエ，Gの鹿児島県はアである。

問3　ウ　　東京から遠い県ほど航空機を利用する乗客が増え，バスを利用する乗客が減ると考えれば，イが鹿児島県，ウが香川県である。アは長野県，エは福井県。香川県は，岡山県と瀬戸大橋でつながっているため，鉄道での移動が可能である。

3　**問1**　カ　　本初子午線と経度 180 度の経線から，経線は 180÷4＝45(度)ごとに引かれていることがわかる。また，アフリカ大陸のビクトリア湖や南アメリカ大陸のアマゾン川河口を通っていることから，Cを通る緯線が赤道である。円周が南緯 60 度を表していることから，緯線は 30 度ごとに引かれていることがわかる。よって，Aは南緯 30 度，西経 135 度の地点である。

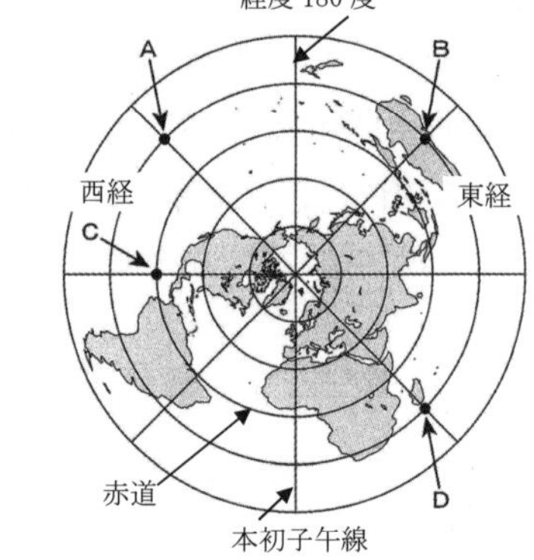

問2　エ　　B地点とD地点の緯度は同じだから，北極点からの最短距離は等しくなる。　ア．誤り。正距方位図法は中心からの距離と方位が正しい図法であり，中心でないA地点からの距離と方位はわからない。
イ．誤り。A地点(西経 135 度)とC地点(西経 90 度)の時差は，(135－90)÷15＝3(時間)である。ウ．誤り。B地点からD地点までの最短距離はこの地図からは読み取れない。

4　**問1**　ア　　史料1の空海が唐から帰国したのは9世紀初頭の 806 年のことである。史料2は，後醍醐天皇の建武の新政を批判した二条河原落書で，1334 年に掲げられたものである。よって，1517 年に始まったアを選ぶ。イは13 世紀，ウは 11 世紀，エは 10 世紀。

問2　エ　　アは源頼朝，イは足利義満，ウは北条政子。

5　**問1**　イ　　応仁の乱は 1467 年，豊臣秀吉の天下統一は 1590 年のことである。加賀の一向一揆は 1488 年，正長の土一揆は 1428 年，刀狩令の発布は 1588 年，琉球王国の建国は 1429 年。

問2　エ　　分国法には喧嘩両成敗を定めたものが多かった。アは異国船打払令，イは五箇条の御誓文，ウは日本

国憲法の内容である。

問３　ウ　　ｃは安土城，ａは名護屋城である。

6 問１　ウ　　ア．誤り。バチカン市国・クック諸島などは国際連合に加盟していない。イ．誤り。総会はアメリカ合衆国のニューヨークにある本部で行われる。エ．誤り。日本は安全保障理事会の常任理事国ではない。

問２　イ　　冷戦の終結は 1989 年のマルタ会談で宣言されたから，1950 年に始まった朝鮮戦争が誤り。ロシア連邦の成立は 1991 年，ユーロの導入は 1999 年，アメリカ同時多発テロは 2001 年，イラク戦争は 2003 年。

問３　ウ　　沖縄返還は 1972 年のことである。アメリカ軍による北爆は 1965 年に始まった。湾岸戦争は 1991 年。

問４　ウ　　ａ．誤り。日米安全保障条約は，サンフランシスコ平和条約調印と同じ 1951 年に結ばれた。日本の国際連合への加盟は 1956 年であった。ｂ．正しい。新安保条約に調印したことで発生した安保闘争の責任をとって，当時の岸信介内閣が総辞職した。

7 問１　ウ　　360 人は有権者 18000 人の 50 分の１にあたるから，条例の制定・改廃や監査請求が可能になる。市議会議員の解職・市議会の解散・市長の解職の請求には，有権者の３分の１の署名が必要になる。

問２　カ　　ａ．阪神淡路大震災が発生したのは 1995 年だから，ａには 2000 年のできごとがあてはまる。新潟県巻町で行われた住民投票は，原子力発電所建設を問うもので 1996 年に行われた。ｂ．直後に「市の範囲が大きくなった分，市役所の事務の量が増えたことが原因の一つ」とあることから，地方債の額は増えると考える。ｃ．マスメディアは，新聞・テレビ・ラジオ・雑誌などの媒体である。

問３　ウ　　少子高齢化によって，増えているＲは 65 歳以上の高齢者と判断できる。15～64 歳の生産年齢人口と０～14 歳の年少人口はともに減少していると考えられるが，生産年齢人口の方が割合は多くなるので，Ｐが 15～64 歳，Ｑが０～14 歳と判断する。

8 問１　ア　　石油危機は，第四次中東戦争を受けて，西アジアの産油国が原油の輸出制限や値上げをしたことで原油輸入国が不景気になった出来事である。

問２　イ　　ドルに対する円の価値が安くなるとドル高・円安となる。１ドルと交換するのに必要な円が 120 円から 140 円になると，円の価値が下がっているといえるので，ドル高・円安である。例えば，日本円で 420 円の商品を輸出するとき，１ドル＝120 円では 420÷120＝3.5(ドル)，１ドル＝140 円では 420÷140＝３(ドル)で販売されることになる。よって，円安は輸出産業に有利にはたらく。

問３　ア　　関税は一般的に輸入品に対して課せられる税のことを指し，関税を引き下げると貿易の自由化につながる。

問４　エ　　特に製造業において，安価な労働力を求めて工場などが海外に移転され，国内での雇用が減少する現象で，日本では 1980 年代後半から発生している。

令和5年度入学者選抜学力検査本試験問

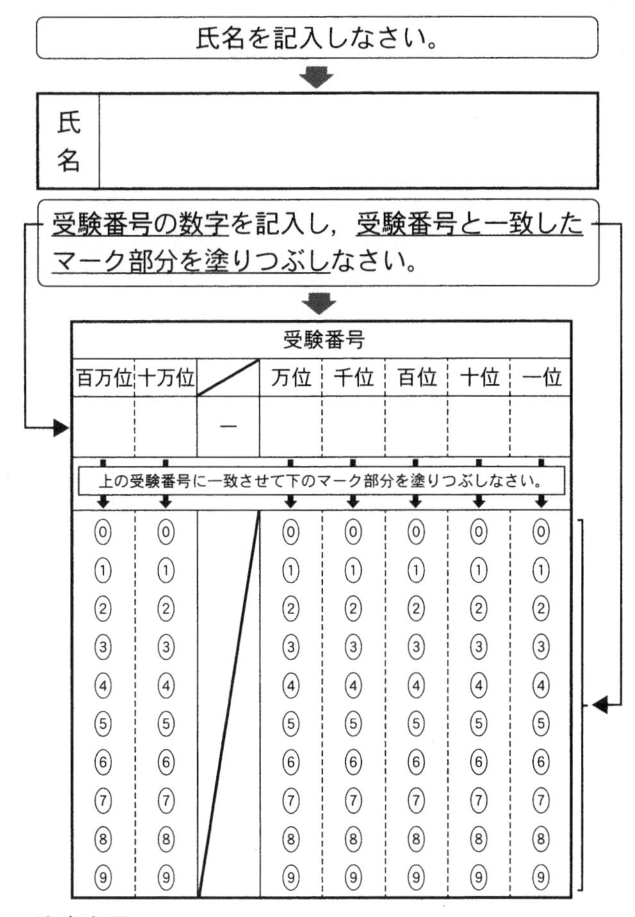
氏名を記入しなさい。
氏名
受験番号の数字を記入し，受験番号と一致したマーク部分を塗りつぶしなさい。
受験番号
百万位
十万位
万位
千位
百位
十位
一位
上の受験番号に一致させて下のマーク部分を塗りつぶしなさい。

注意事項

1　解答には，必ず**HBの黒鉛筆**を使用し，「マーク部分塗りつぶしの見本」のとおりに◯を塗りつぶすこと。

2　解答を訂正するときは，きれいに消して，消しくずを残さないこと。

3　指定された欄以外を塗りつぶしたり，文字を記入したりしないこと。

4　汚したり，折り曲げたりしないこと。

マーク部分塗りつぶしの見本					
良い例	悪い例				
●	レ点	棒	薄い	はみ出し	丸囲み

解　答　欄

1	問1
	問2
	問3
	問4

2	問1
	問2
	問3

3	問1
	問2

4	問1
	問2

5	問1
	問2
	問3

6	問1
	問2
	問3
	問4

4　問１…３点×２　問２…３点×２　問３…３点

5　問１…３点　問２…３点　問３．１…３点　２…４点　問４…４点

6　問１…３点　問２…３点　問３…４点　問４…３点　問５…３点　問６…４点

令和５年度入学者選抜学力検査本試験

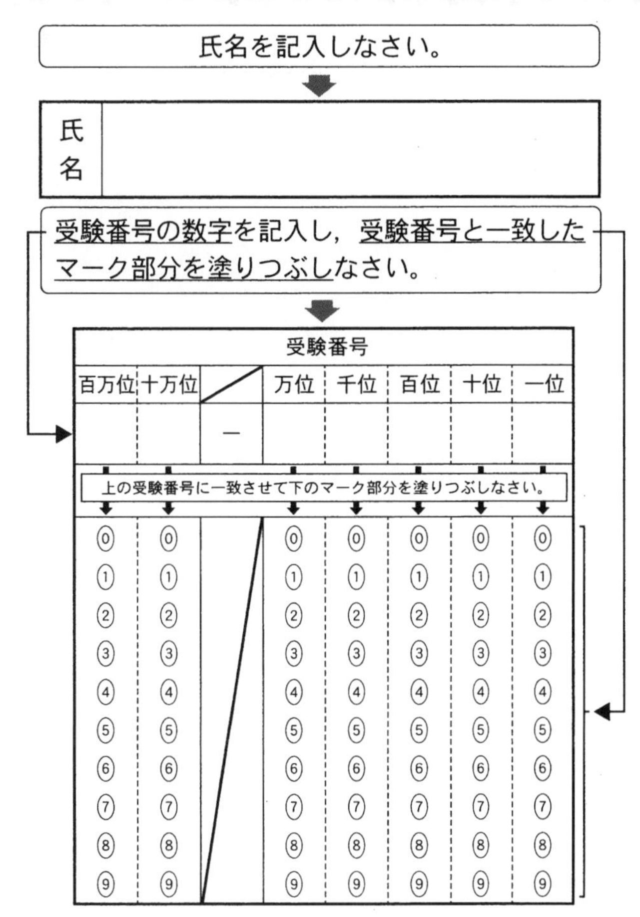

氏名を記入しなさい。
氏名
受験番号の数字を記入し，受験番号と一致したマーク部分を塗りつぶしなさい。
受験番号
百万位
十万位
万位
千位
百位
十位
一位
上の受験番号に一致させて下のマーク部分を塗りつぶしなさい。

注意事項

1　解答には，必ず**ＨＢの黒鉛筆**を使用し，「マーク部分塗りつぶしの見本」を参考に◯を塗りつぶすこと。

2　解答を訂正するときは，きれいに消して，消しくずを残さないこと。

3　数値を解答する場合の解答方法は，問題用紙の注意事項を確認すること。

4　指定された欄以外を塗りつぶしたり，文字を記入したりしないこと。

5　汚したり，折り曲げたりしないこと。

マーク部分塗りつぶしの見本					
良い例	悪い例				
●	レ点	棒	薄い	はみ出し	丸囲み

1　２点×８

3　問１…３点

令和5年度入学者選抜学力検査本試験

氏名を記入しなさい。

氏名	

受験番号の数字を記入し，受験番号と一致したマーク部分を塗りつぶしなさい。

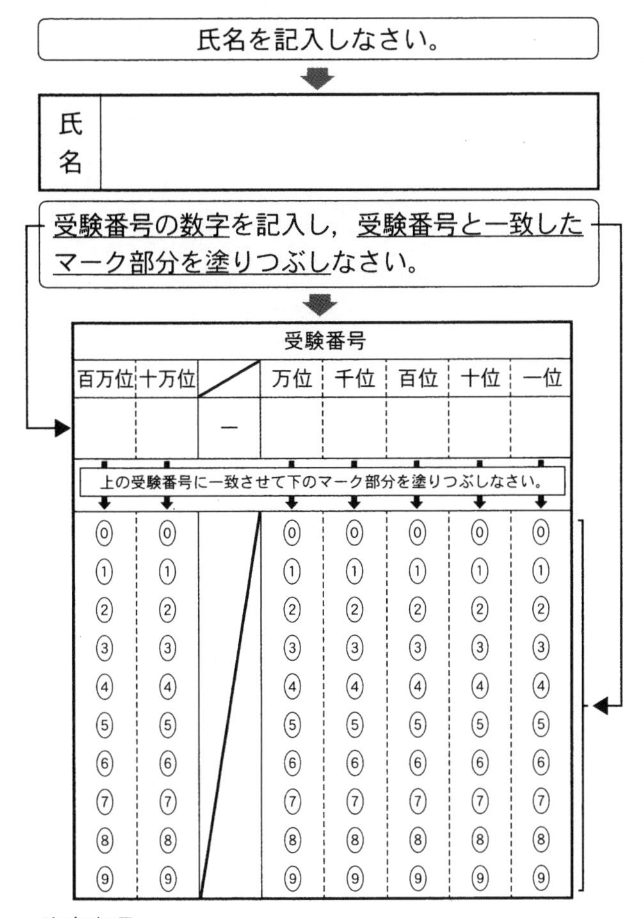

受験番号
百万位
十万位
万位
千位
百位
十位
一位
上の受験番号に一致させて下のマーク部分を塗りつぶしなさい。

注意事項

1　解答には，必ず**HBの黒鉛筆**を使用し，「マーク部分塗りつぶしの見本」を参考に◯を塗りつぶすこと。

2　解答を訂正するときは，きれいに消して，消しくずを残さないこと。

3　指定された欄以外を塗りつぶしたり，文字を記入したりしないこと。

4　汚したり，折り曲げたりしないこと。

マーク部分塗りつぶしの見本					
良い例	悪い例				
●	レ点	棒	薄い	はみ出し	丸囲み

解答欄

1	1
	2
	3
	4
	5

2	1
	2
	3
	4
	5

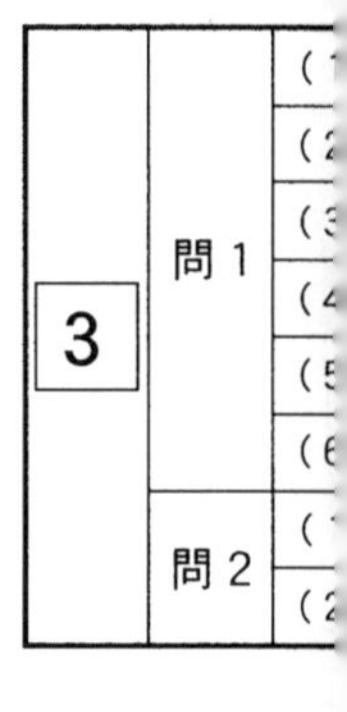

3	問1	(1)
		(2)
		(3)
		(4)
		(5)
		(6)
	問2	(1)
		(2)

3	(1)	ア	⊖	0	1	2	3	4	5	6	7	8	9
		イ	⊖	0	1	2	3	4	5	6	7	8	9
	(2)	ウ	⊖	0	1	2	3	4	5	6	7	8	9
		エ	⊖	0	1	2	3	4	5	6	7	8	9
		オ	⊖	0	1	2	3	4	5	6	7	8	9
		カ	⊖	0	1	2	3	4	5	6	7	8	9
		キ	⊖	0	1	2	3	4	5	6	7	8	9
		ク	⊖	0	1	2	3	4	5	6	7	8	9

4	(1)	ア	⊖	0	1	2	3	4	5	6	7	8	9
		イ	⊖	0	1	2	3	4	5	6	7	8	9
	(2)	ウ	⊖	0	1	2	3	4	5	6	7	8	9
		エ	⊖	0	1	2	3	4	5	6	7	8	9
		オ	⊖	0	1	2	3	4	5	6	7	8	9
	(3)	カ	⊖	0	1	2	3	4	5	6	7	8	9
		キ	⊖	0	1	2	3	4	5	6	7	8	9
	(4)	ク	⊖	0	1	2	3	4	5	6	7	8	9
		ケ	⊖	0	1	2	3	4	5	6	7	8	9
		コ	⊖	0	1	2	3	4	5	6	7	8	9
		サ	⊖	0	1	2	3	4	5	6	7	8	9

2 (1)3点×2　(2)3点×2　(3)4点×2

3 (1)6点　(2)ウエオ・カキ…4点×2　(2)ク…6点

4 (1)4点　(2)4点×2　(3)4点　(4)4点

令和５年度入学者選抜学力検査本試験

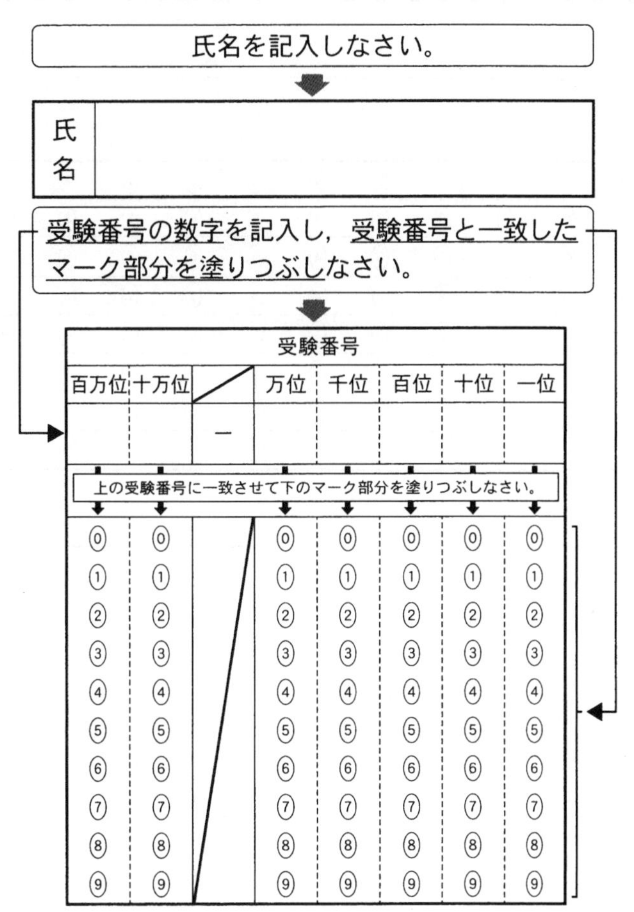

氏名を記入しなさい。

氏名	

受験番号の数字を記入し，受験番号と一致したマーク部分を塗りつぶしなさい。

受験番号							
百万位	十万位		万位	千位	百位	十位	一位
		−					

上の受験番号に一致させて下のマーク部分を塗りつぶしなさい。

百万位	十万位		万位	千位	百位	十位	一位
⓪	⓪		⓪	⓪	⓪	⓪	⓪
①	①		①	①	①	①	①
②	②		②	②	②	②	②
③	③		③	③	③	③	③
④	④		④	④	④	④	④
⑤	⑤		⑤	⑤	⑤	⑤	⑤
⑥	⑥		⑥	⑥	⑥	⑥	⑥
⑦	⑦		⑦	⑦	⑦	⑦	⑦
⑧	⑧		⑧	⑧	⑧	⑧	⑧
⑨	⑨		⑨	⑨	⑨	⑨	⑨

注意事項

1　解答には，必ず**ＨＢの黒鉛筆**を使用し，「マーク部分塗りつぶしの見本」を参考に◯を塗りつぶすこと。

2　解答を訂正するときは，きれいに消して，消しくずを残さないこと。

3　求めた値に該当する符号や数値の箇所のマーク部分を塗りつぶすこと。具体的な解答方法は，問題用紙の注意事項を確認すること。

4　指定された欄以外を塗りつぶしたり，文字を記入したりしないこと。

5　汚したり，折り曲げたりしないこと。

マーク部分塗りつぶしの見本					
良い例	悪い例				
●	レ点	棒	薄い	はみ出し	丸囲み

令和5年度入学者選抜学力検査本試験

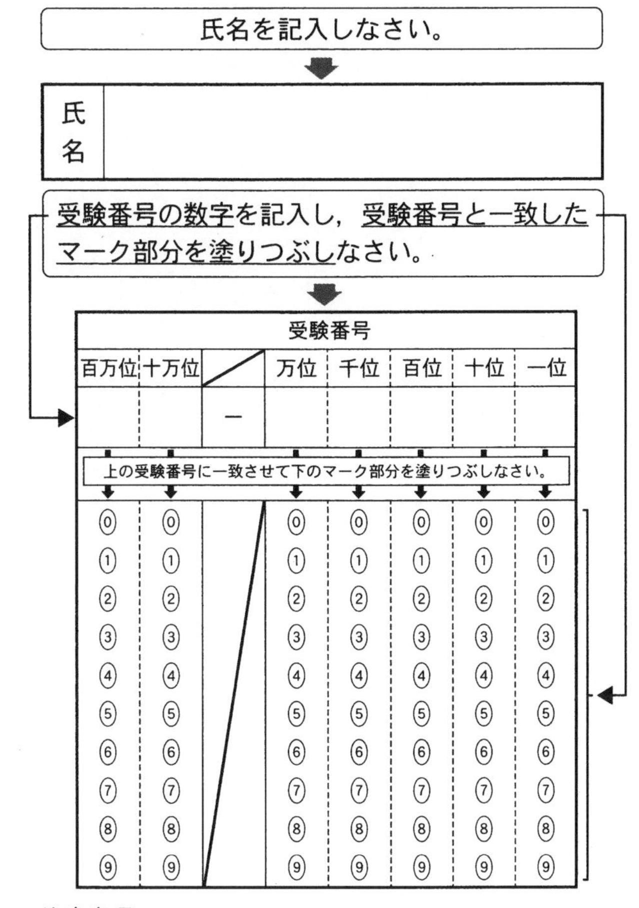

氏名を記入しなさい。
氏名
受験番号の数字を記入し，受験番号と一致したマーク部分を塗りつぶしなさい。
受験番号
百万位
十万位
万位
千位
百位
十位
一位
上の受験番号に一致させて下のマーク部分を塗りつぶしなさい。

注意事項

1　解答には，必ず**HBの黒鉛筆**を使用し，「マーク部分塗りつぶしの見本」のとおりに◯を塗りつぶすこと。

2　解答を訂正するときは，きれいに消して，消しくずを残さないこと。

3　指定された欄以外を塗りつぶしたり，文字を記入したりしないこと。

4　汚したり，折り曲げたりしないこと。

マーク部分塗りつぶしの見本					
良い例	悪い例				
●	レ点	棒	薄い	はみ出し	丸囲み

解　答　欄

1	問1	①
		②
		③
		④
	問2	
	問3	
	問4	
	問5	
	問6	
	問7	

2	問1	①
		②
		③
	問2	(a)
		(b)
	問3	
	問4	A
		B
		C
	問5	
	問6	
	問7	
	問8	

問３　次の**地図**中の**a**から**d**は，下線部(3)と(4)に関連する城の位置を示している。下のＸとＹの文が示している城の位置の組み合わせとして正しいものを，後の**ア**から**エ**のうちから一つ選べ。

地図

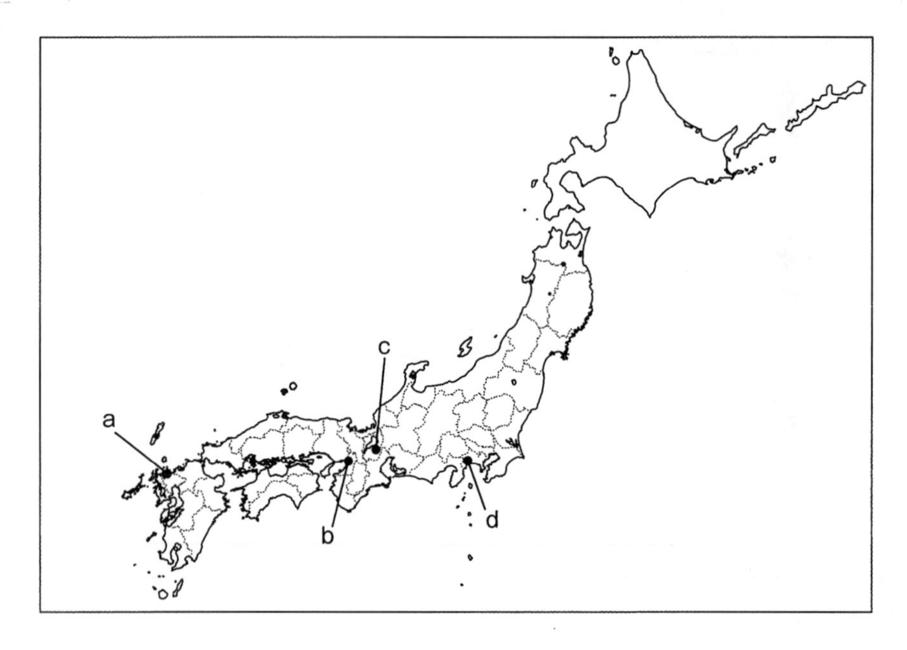

Ｘ　織田信長が築いた城で，城下町には楽市令を出して商工業の活発化をはかった。

Ｙ　豊臣秀吉が，朝鮮への出兵のために築いた城である。

ア	Ｘ－d	Ｙ－a	**イ**	Ｘ－d	Ｙ－b
ウ	Ｘ－c	Ｙ－a	**エ**	Ｘ－c	Ｙ－b

6 次の**年表**と**史料**を見て，問１から問４までの各問いに答えよ。なお，**史料**には省略したり改めたりしたところがある。

年表

1945年　(1)国際連合が設立された。

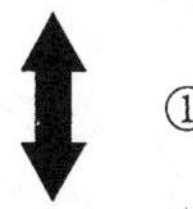
①

1951年　サンフランシスコ平和条約が結ばれた。

②

1975年　第１回サミット（主要国首脳会議，先進国首脳会議）が開催された。

③

1989年　マルタ会談で，(2)冷戦の終結が宣言された。

史料

一，［A］年の復帰実現は百万県民の多年にわたる努力の成果であり民族的遺産として後世に語り伝えることが出来るのを誇りに思う。しかし祖国の民主平和憲法のもとへの即時無条件全面返還を要求しつづけた県民の立場に立って考えるとき，今回の日米共同声明の内容には満足しているものではない。

一，その第一は「核ぬき，本土なみ，［A］年返還」で所期（しょき）の目的を達成したというが核基地撤去，B52の扱い，その他事前協議の運用をめぐって憂慮（ゆうりょ）される問題を残していることである。第二は［B］の米軍基地を要とした現在の(3)日米安保条約を長期的に継続する方針がとられたことである。［B］県民はさる大戦で悲惨な戦争を身をもって体験し戦争とこれにつながるいっさいのものをにくみ，否定する。長い間米軍基地に苦しめられてきた県民は，その［B］基地を要とする安保体制を容認することはできない。安保体制の長期継続は憲法改悪の恐れすら抱かせ，［B］基地の固定化は戦争体験を通じて世界の絶対平和を希求しひたすら平和の島を建設したいという県民の願いと相いれない。（後略）

（琉球政府主席声明）

問１　**年表**中の下線部(1)国際連合の説明として正しいものを，次のアからエのうちから一つ選べ。

ア　世界の平和と安全の維持を目的とし，現在，世界のすべての国が加盟している。

イ　イギリス，アメリカ，ソ連などが提唱して設立され，総会はスイスにある本部で開催される。

ウ　全加盟国で構成される総会の決議では，すべての国が平等に一票を持つ。

エ　日本を含む安全保障理事会の常任理事国には，重要な議題で拒否権が認められている。

問２　**年表**中の下線部(2)冷戦の終結後の世界情勢として誤っているものを，次のアからエのうちから一つ選べ。

ア　東ヨーロッパで共産党政権が次々と崩壊したことに続いてソ連も解体し，ロシア連邦などが誕生した。

イ　朝鮮半島で戦争がおこり，アメリカ軍を中心とする国連軍が韓国を，中国義勇軍が北朝鮮を支援して参戦した。

ウ　国家の枠組みをこえて地域統合を進めるなかで，ヨーロッパ連合（ＥＵ）は共通の通貨としてユーロの流通をはじめた。

エ　アメリカで同時多発テロがおこり，その後，テロとの戦いを宣言したアメリカはアフガニスタンやイラクを攻撃した。

問３　**史料**はアメリカ統治下にあった［　Ｂ　］県の日本への返還を求める運動を主導してきた人物が発表した声明である。**史料**中の［　Ａ　］年を含む期間を**年表**中の①から③のうちから選び，その選んだ期間におきた出来事を次の**出来事**ａとｂのうちから選んで，その組み合わせを下のアからカのうちから一つ選べ。

出来事

ａ　ベトナム戦争が激しくなり，アメリカ軍による北ベトナムへの爆撃がはじまった。

ｂ　湾岸戦争がはじまり，アメリカ軍を中心とする多国籍軍が派遣された。

ア　①－ａ　　イ　①－ｂ　　ウ　②－ａ

エ　②－ｂ　　オ　③－ａ　　カ　③－ｂ

問４　**史料**中の下線部(3)日米安保条約（日米安全保障条約）について述べた次の文ａとｂが正しいか誤っているかを判断し，正誤の組み合わせとして正しいものを下のアからエのうちから一つ選べ。

ａ　日米安保条約は，日本の国際連合加盟と同じ年に結ばれた。

ｂ　新安保条約に日本政府が調印した際には，市民や学生による大規模な反対運動がおこった。

ア　ａ－正　ｂ－正　　イ　ａ－正　ｂ－誤

ウ　ａ－誤　ｂ－正　　エ　ａ－誤　ｂ－誤

7 次のⅠからⅢは，中学生のAさんが住んでいるX市が発行している広報紙の記事の見出しの一部である。Aさんはこれらの見出しと記事をもとに調べたり考えたりした。問1から問3までの各問いに答えよ。

Ⅰ　直接請求に向けての署名活動，市内各地ではじまる

Ⅱ　近隣の市町村との合併協議スタート，合意に向けてのメリットとデメリットとは？

Ⅲ　ストップ「少子化」！　市民のみなさんからのアイデアを募集します！

問1　Ⅰに関連して，AさんはX市における直接請求について調べた。次の**資料**中の<u>このこと</u>に当てはまることがらとして正しいものを，下の**ア**から**エ**のうちから一つ選べ。

資料

X市の人口は25000人で，有権者は18000人です。有権者から360人の署名を集めると，<u>このこと</u>を市長に対して請求することができます。

ア　市議会議員の解職　　**イ**　市議会の解散　　**ウ**　条例の制定　　**エ**　市長の解職

問2　Ⅱに関連して，今回の合併協議よりも前に，かつて三つの町が合併して現在のX市となったことを知ったAさんは，そのころのことについてX市の職員であるBさんにインタビューをした。次の**インタビュー**中の［ a ］から［ c ］のそれぞれに当てはまる内容の組み合わせとして正しいものを，次ページの**ア**から**カ**のうちから一つ選べ。

インタビュー

Aさん：三つの町が合併したのはいつごろなのですか？

Bさん：［ a ］です。阪神・淡路大震災がおこって5年がたち，新たな世紀を翌年に迎えるにあたり，災害に強いまちづくりを進めようと考えたのです。

Aさん：合併して地域がよくなったことや，合併後も残された課題はなんでしょうか？

Bさん：合併によって効率的な事務がおこなわれるようになったとされる一方，近年の全国的な傾向と同じくX市も地方公共団体の借金である地方債の額が［ b ］という課題が残されました。これは市の範囲が大きくなった分，市役所の事務の量が増えたことが原因の一つだと考えられます。しかし，住民のみなさんが自発的に課題の解決に取り組んでいただいている［ c ］の活動も広がっていて，私たち市役所職員はとても心強く感じています。

	a	b	c
ア	当時の新潟県巻町で 住民投票がおこなわれた年	減少する傾向が続く	マスメディア
イ	当時の新潟県巻町で 住民投票がおこなわれた年	増加する傾向が続く	マスメディア
ウ	当時の新潟県巻町で 住民投票がおこなわれた年	減少する傾向が続く	NPO（非営利組織）
エ	地方分権一括法が施行された年	増加する傾向が続く	マスメディア
オ	地方分権一括法が施行された年	減少する傾向が続く	NPO（非営利組織）
カ	地方分権一括法が施行された年	増加する傾向が続く	NPO（非営利組織）

問3　Ⅲに関連して，次の図は，X市における，0歳から14歳，15歳から64歳，65歳以上に分けたときの人口の割合の推移である。図中のPからRは，それぞれ0歳から14歳，15歳から64歳，65歳以上のいずれかが当てはまる。X市は2000年以降，少子高齢化が特に進んでいることを踏まえて，PからRに当てはまるものの組み合わせとして正しいものを，下のアからカのうちから一つ選べ。

図

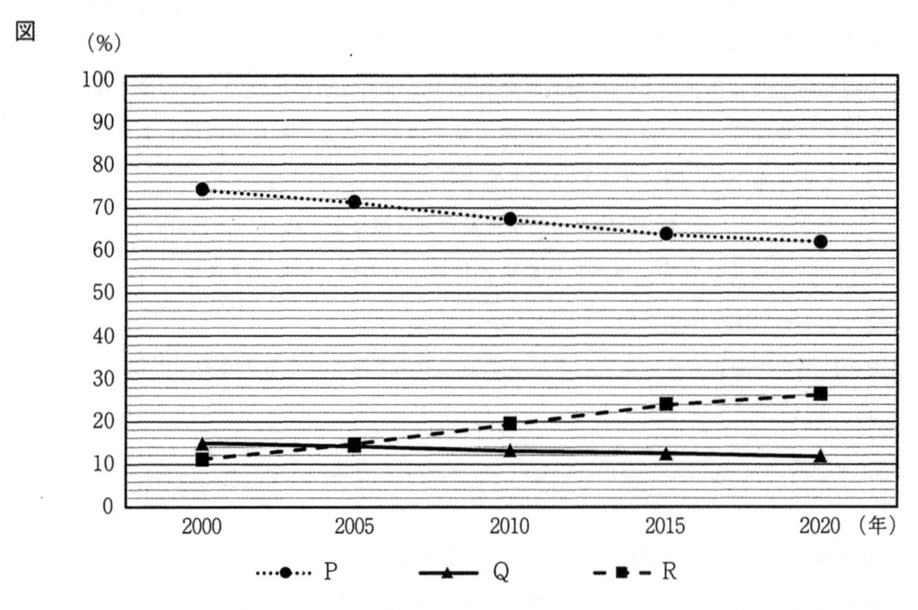

	ア	イ	ウ	エ	オ	カ
P	0～14歳	0～14歳	15～64歳	15～64歳	65歳以上	65歳以上
Q	15～64歳	65歳以上	0～14歳	65歳以上	0～14歳	15～64歳
R	65歳以上	15～64歳	65歳以上	0～14歳	15～64歳	0～14歳

8 次の生徒と先生の会話文を読み，問１から問４までの各問いに答えよ。

生徒：世界の自動車生産量を調べてみました。2018年では生産台数１位は中国，２位はアメリカ，３位は日本です。中国は今世紀に入り急速に生産台数を増やして１位になりました。

先生：前世紀はどのようでしたか。

生徒：1970年ごろまでは，アメリカが１位でした。1980年ごろから日本がアメリカを上回り１位になります。その後，1990年代の初めごろに再びアメリカが１位になります。

先生：どうしてそうなったのでしょうね。

生徒：調べたところ，1970年代に(1)石油危機（オイルショック）などの影響により，日本車が低燃費で比較的性能もよくなってきたことから，アメリカで日本車が注目され輸出が増えたそうです。また，当時のドルに対する円の価値が今よりも低い(2)円安であったことも影響したそうです。

先生：そうですね。日本はアメリカに対して大幅な貿易黒字となり，日米貿易摩擦問題になりました。

生徒：それは知りませんでした。その問題はどうなったのですか。

先生：アメリカは自国の貿易赤字を解消するため，日本に対し農産物への(3)関税を引き下げることを要求しました。関税とは，輸出入される商品にかかる税ですね。また，日本の自動車会社はアメリカへの輸出量を制限する自主規制を実行し，その後，組立工場をアメリカに作り，アメリカでの現地生産を増やすことで利益を確保しようとしました。それもあって，再びアメリカの生産台数が増加したのです。

生徒：でもそうなると，日本の国内の自動車生産台数は減りますね。

先生：それだけでは終わらず，日本の自動車会社は，その後，発展途上国等での生産工場を増やし，いわゆる(4)産業の空洞化がおきました。

生徒：企業活動が国際化することで，メリットもあればデメリットもあるのですね。

問１　下線部(1)についての説明として正しいものを，次のアからエのうちから一つ選べ。

ア　中東戦争などの影響で原油価格が高騰し，原油輸入国が不景気になった。
イ　中東戦争などの影響で原油価格が暴落し，原油輸入国が好景気になった。
ウ　当時のソ連がアメリカに対して輸出制限をし，世界的に原油価格が高騰し，原油輸入国が不景気になった。
エ　当時のソ連がアメリカに対して輸出拡大をし，世界的に原油価格が暴落し，原油輸入国が好景気になった。

問２　下線部(2)について，円安を説明した文ＡとＢ，円安と輸出の関係を説明した文ＸとＹのうち，正しいものの組み合わせを，次のアからエのうちから一つ選べ。

Ａ　１ドルに対する円の価値が120円であるときと比べて，１ドルに対する円の価値が140円であるのは，ドル高・円安である。

Ｂ　１ドルに対する円の価値が120円であるときと比べて，１ドルに対する円の価値が100円であるのは，ドル高・円安である。

Ｘ　それまでより円安になると，日本の輸出産業が外国へ売る製品価格は，輸出先の国では高くなる。

Ｙ　それまでより円安になると，日本の輸出産業が外国へ売る製品価格は，輸出先の国では安くなる。

ア　Ａ－Ｘ　　イ　Ａ－Ｙ　　ウ　Ｂ－Ｘ　　エ　Ｂ－Ｙ

問３　下線部(3)に関する説明として最も適当なものを，次のアからエのうちから一つ選べ。

ア　各国が関税を引き下げると貿易の自由化が進み，輸出産業は安く輸出できる。

イ　各国が関税を引き下げると貿易の自由化が妨げられ，輸入品が国内で安価に販売される。

ウ　各国が関税を引き上げると貿易の自由化が進み，輸入品が国内で安価に販売される。

エ　各国が関税を引き上げると貿易の自由化が妨げられ，輸出産業は安く輸出できる。

問４　下線部(4)についての説明として正しいものを，次のアからエのうちから一つ選べ。

ア　後継者の減少により職人技術の継承が難しくなり，国内での伝統産業や地場産業が衰退してしまうこと。

イ　国内の大都市などで地価や人件費が高騰したことにより，企業が地価や人件費の安い地方に工場などを移転すること。

ウ　国内における農業・水産業などの第１次産業が衰退し，外国から安価な食料品が大量に輸入されるようになること。

エ　国内企業が，安い労働力を求めるなどして，工場などを海外に移転し，国内での雇用が減少すること。

問３　物体が水平面BCを移動しているとき，物体にはたらいている力の合力の向きはどれか。最も適当なものを図３のアからクの中から選べ。物体にはたらいている力がつり合っている場合は，ケを選ぶこと。

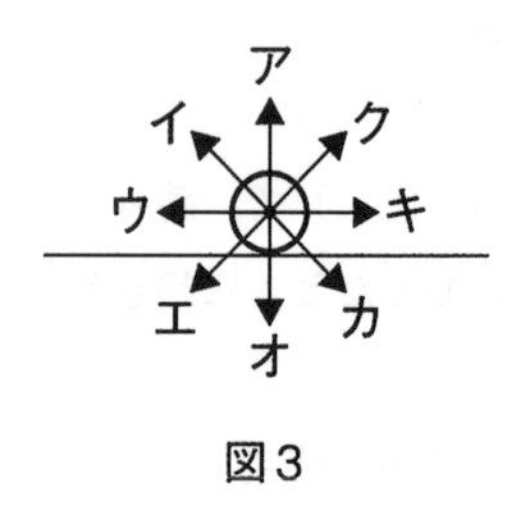

図３

問４　物体が斜面CDを上がっているとき，物体にはたらいている力の合力の向きはどれか。最も適当なものを図４のアからクの中から選べ。物体にはたらいている力がつり合っている場合は，ケを選ぶこと。

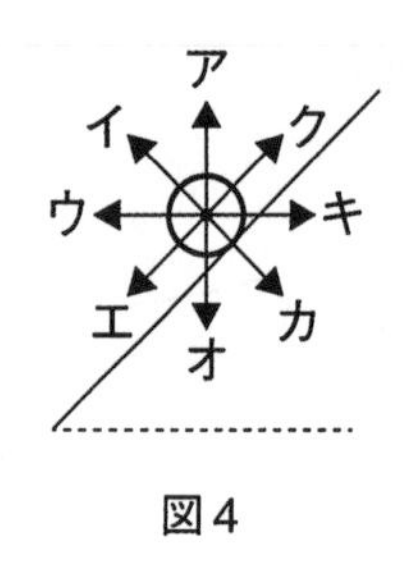

図４

問５　斜面CDを上がっている物体は，その斜面上のある位置（点Q）で運動の向きを変え，斜面を下りはじめる。点Cから点Qまでの距離は，点Pから点Bまでの距離の何倍か。

［ア］.［イウ］倍

問６　物体が点Qから斜面CDを下りはじめて0.2 sおきに点Qから移動した距離を調べた。最も適当な距離の変化を表したものを次のアからエの中から選べ。

ア	6 cm	23 cm	60 cm	126 cm
イ	10 cm	40 cm	90 cm	160 cm
ウ	14 cm	57 cm	127 cm	226 cm
エ	14 cm	74 cm	134 cm	194 cm

4 月と金星について，次の問1から問3に答えよ。

問1　次の文章は，月について説明したものである。文中の空欄①，②に当てはまる語句を，次のアからキの中からそれぞれ選べ。

月は地球の周りを公転する（　①　）で，満ち欠けの周期は約29.5日である。また，月食は（　②　）の順番で一直線に並んだときに起きる。

ア　地球型惑星　　イ　木星型惑星　　ウ　衛星　　エ　小惑星
オ　地球・太陽・月　　カ　太陽・地球・月　　キ　太陽・月・地球

問2　**図1**は，ある年の1月1日の地球と月の位置を，地球の北極の上空から見たものである。以下の1と2に答えよ。

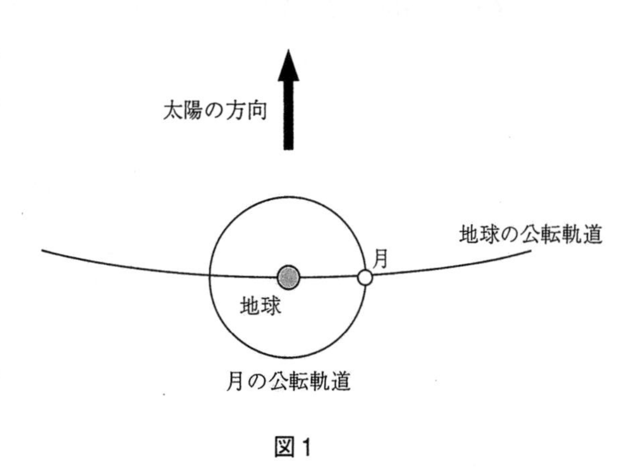

図1

1　　1月1日から1ヶ月以内に，日食が起きるとすると，いつ起きると考えられるか。最も適当なものを，次のアからエの中から選べ。

ア　6日後　　イ　13日後　　ウ　20日後　　エ　27日後

2　　1月1日の月を肉眼で観測したとき，月は南に見えた。このとき，「観測される時間帯」，「月の形」について，最も適当なものを，次のアからカの中からそれぞれ選べ。

「観測される時間帯」
ア　午前0時ごろ　　イ　午前6時ごろ　　ウ　午後6時ごろ

「月の形」
エ　満月　　オ　向かって右側が明るい半月（上弦の月）
カ　向かって左側が明るい半月（下弦の月）

問3　図2は，地球・金星・太陽の位置関係を，地球の北極の上空から見たものである。ある年の1月1日には，地球と金星はそれぞれ X の位置にあり，30日後の1月31日には Y の位置まで移動した。以下の問いに答えよ。

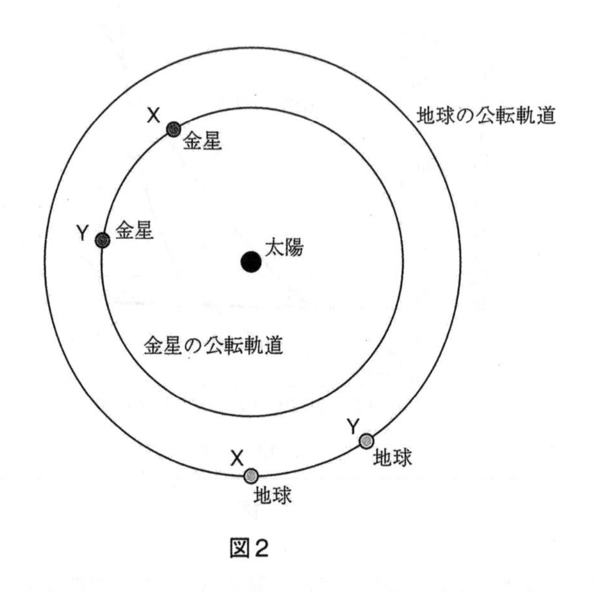

図2

1月1日から1月31日まで，望遠鏡を使って金星を毎日観測した。この間の金星の満ち欠けの変化の様子を表す図と文として，最も適当なものを次のアからエの中から選べ。ただし，金星の明るい部分は，実線で表すものとする。

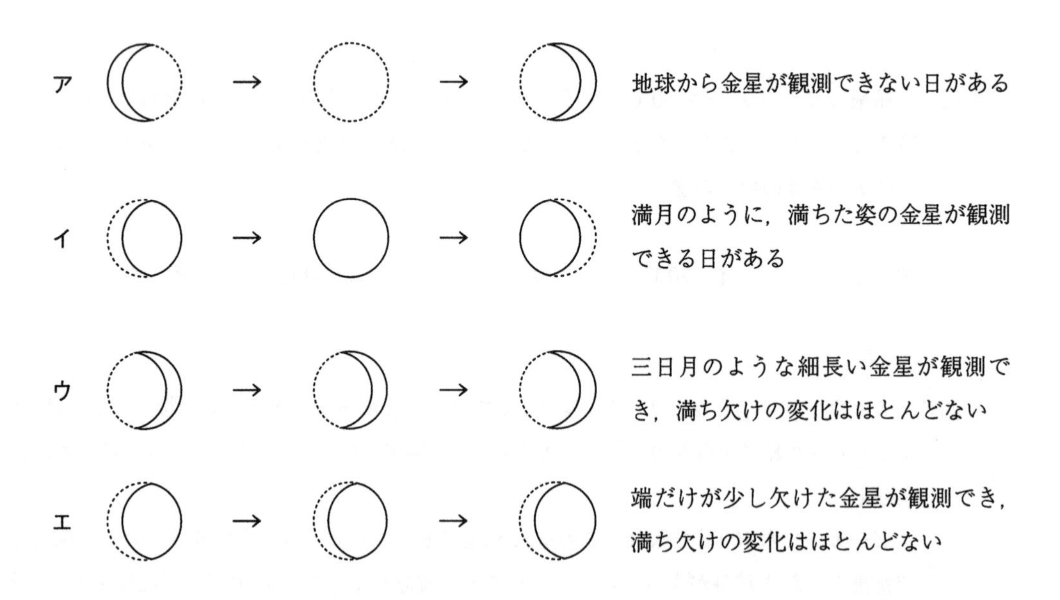

5 次の図は100 gの水にとける硝酸カリウム，ミョウバン，塩化ナトリウムの質量と温度の関係を表したものである。加熱に伴う水の蒸発は考えないものとする。以下の問1から問4に答えよ。

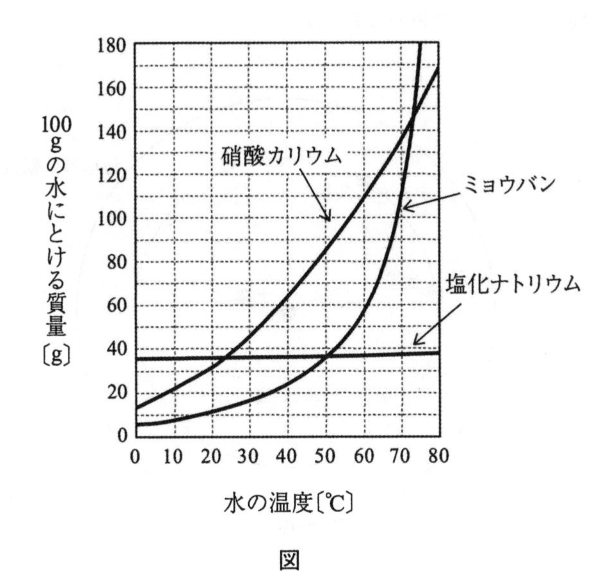

図

問1　60 ℃の硝酸カリウムの飽和水溶液の質量パーセント濃度はいくらか。最も適当なものを次のアからオの中から選べ。

ア　25%　　イ　37%　　ウ　47%　　エ　52%　　オ　100%

問2　硝酸カリウム26 gを60 ℃の水80 gにとかした溶液がある。この溶液をおよそ何℃まで冷やせば，とけきれなくなった硝酸カリウムが結晶として現れ始めるか。最も適当なものを次のアからオの中から選べ。

ア　10 ℃　　イ　20 ℃　　ウ　30 ℃　　エ　40 ℃　　オ　50 ℃

問3　ミョウバン49 gと塩化ナトリウム1 gが混ざった粉末50 gがある。この粉末から，純粋なミョウバンの結晶を取り出そうと，次のような［実験］を行った。あとの1と2に答えよ。

［実験］

ビーカーに水100 gを入れ，この粉末50 gを加えた。ビーカーをガスバーナーで60 ℃まで加熱し，粉末試料がすべて水にとけたことを確認した。その後20 ℃まで温度を下げると白い結晶が現れたので，ろ過によって結晶とろ液に分けた。

1　このように温度による溶解度の差を利用して，純粋な物質を取り出す操作を何というか。適切なものを次のアからオの中から選べ。

ア　ろ過　　イ　再結晶　　ウ　蒸留　　エ　中和　　オ　還元

2　ろ液に含まれるミョウバンと塩化ナトリウムの質量比として最も適当なものを次のアからオの中から選べ。

ア　1：0　　イ　1：4　　ウ　4：1　　エ　11：1　　オ　49：1

問4　ミョウバン40 g を20 ℃ の水100 g に加え80 ℃まで加熱した。ミョウバン水溶液の濃度変化を模式的に表したグラフとして最も適当なものを次のアからオの中から選べ。

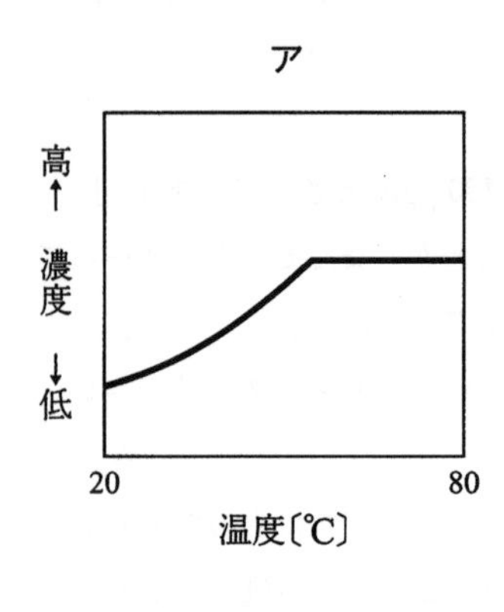

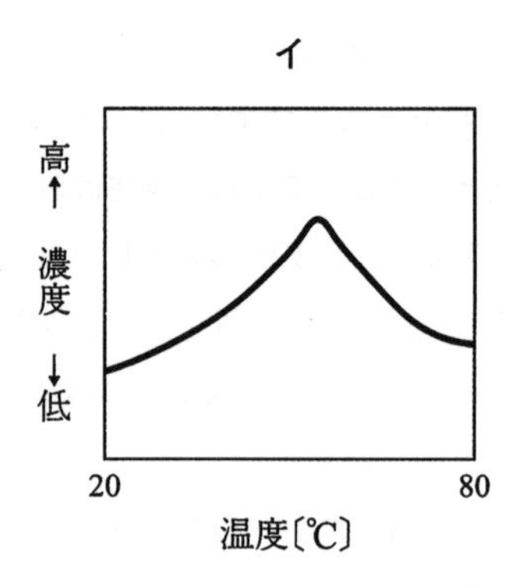

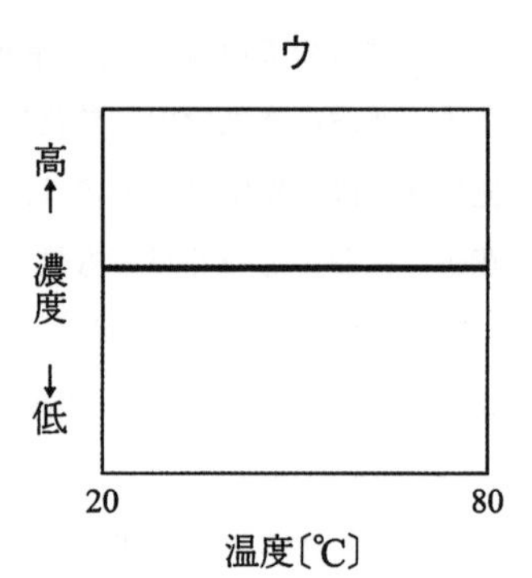

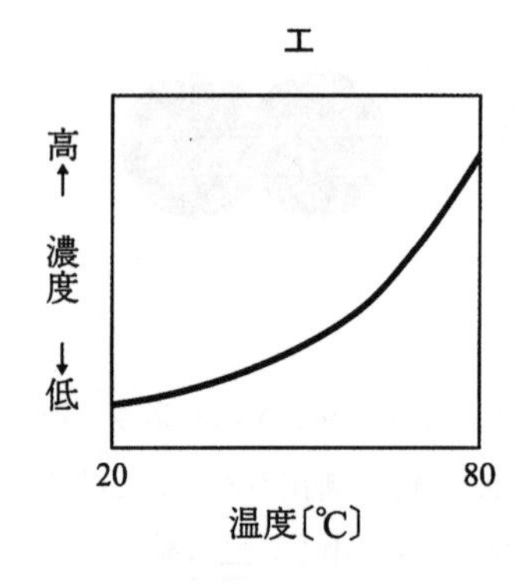

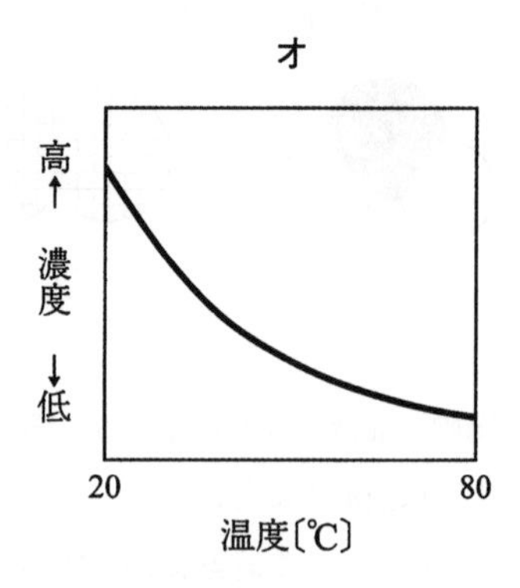

6 花子さんは自分のクラスの教室に，図1のような「二酸化炭素濃度測定器」という装置が置いてあることに気づいた。どのような装置なのか，興味を持った花子さんは先生に質問をした。次の文は，そのときの会話の一部である。会話を読んで，以下の問1から問6に答えよ。

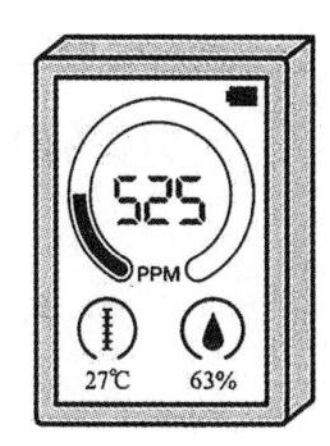

図1

花子「先生，教室に二酸化炭素濃度測定器という装置が置いてありますね。どんな装置なんですか？」

先生「まずは，花子さんは二酸化炭素という物質は知っていますよね。」

花子「はい。分子のモデルについても，理科で学びました。」

先生「人間の呼気にも含まれていますよね。この装置の置いてある空間の空気に二酸化炭素がどれくらい含まれているか，内部にある二酸化炭素濃度センサーを用いて調べる道具なんです。」

花子「表示されている 525 ppm というのはどういう意味なんですか。」

先生「例えば，1.0 m^3 の空気のうち，ある気体が 0.2 m^3 分占めているとすれば，占めている分の体積比として，その気体は 20% 含まれているといえますよね。ppm というのはもっと少ない割合の気体が占められているときによく使う単位で，1.0 m^3 の空気のうち，ある気体が 1.0 cm^3 分だけ占めているとき，1 ppm というのです。」

花子「普段の空気での二酸化炭素は何 ppm なんですか。」

先生「普段の空気というのは，大気ということですね。現在はおよそ 400 ppm とされています。」

花子「においもなく目にも見えない気体の存在がほんの少しであってもわかるなんて，センサーってすごいですね。センサーを勉強して，自分で装置を作ってみたくなりました！」

先生「それはいいですね。他にもいろいろなセンサーがありますから，いろいろ作ってみてください。」

問1　次のアからエはヒトの呼気に含まれるおもな成分を分子のモデルで表したものである。ヒトの呼気に最も多く含まれるものはどれか。適切なものをアからエの中から選べ。なお，同じ模様であれば，それらは同じ種類の原子を表している。

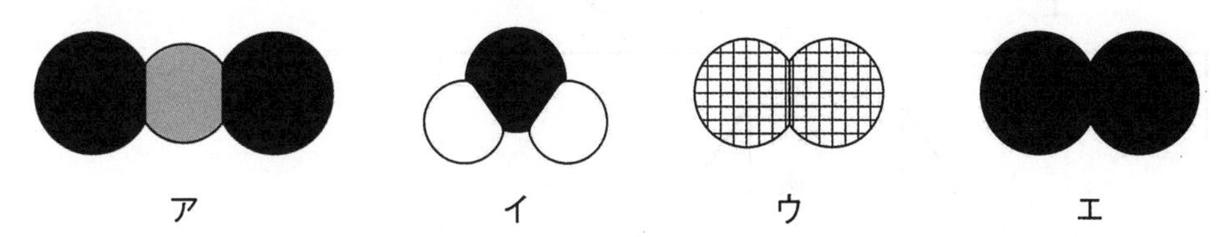

ア　　イ　　ウ　　エ

問2　ヒトの吸気中の酸素は，肺胞で血液に取り込まれる。細胞は血液中から酸素を取り込み，細胞呼吸により生じた二酸化炭素は血液中にとけ込み，やはり肺胞を通して排出される。二酸化炭素を多く含んだ血液が流れる血管として適当なものを，次のアからエの中から二つ選べ。

ア　肺動脈　　イ　肺静脈　　ウ　大動脈　　エ　大静脈

問3　ヒトの呼気1Lに含まれる二酸化炭素は，占められている分の体積でいうとおよそ40 mLであることが知られている。これは，大気中の二酸化炭素の体積の割合と比べて，およそ何倍だといえるか。最も適当なものを次のアからクの中から選べ。

ア　0.1　　イ　1　　ウ　10　　エ　100　　オ　1000

カ　10000　　キ　100000　　ク　1000000

問4　花子さんは，先生が「“現在は”およそ400 ppm」と言っていたことが少し気にかかり，昔の大気がどれくらいの二酸化炭素濃度であったのか，調べてみた。すると，中生代では現在の数倍高い数値であったらしいと記されていた。また，二酸化炭素が，長い時間の中で形を変えながら，大気，海，陸などを移動していることもわかった。これに関連した物質である炭酸カルシウムを多く含む岩石として適切なものを，次のアからエの中から選べ。

ア　花こう岩　　イ　玄武岩（げんぶ）　　ウ　石灰岩　　エ　チャート

問5　センサーに興味を持った花子さんは，マイコン（制御装置）と二酸化炭素濃度センサーを用いて，装置の自作に挑戦した。センサーの値が1000 ppmを超えた場合，警告灯として赤色のLED（発光ダイオード）が光るようにしたいと考えた。このマイコンから出力される電圧は3.3 Vであるため，そのままLEDだけを接続すると，LEDに加わる電圧値が適正な値を超えてしまう。そこで，LEDの電流と電圧の関係のグラフ（図2）を参考にしながら，図3のように抵抗をつないで，LEDに加わる電圧が2.1 Vとなるようにした。つないだ抵抗の抵抗値を答えよ。

アイ Ω

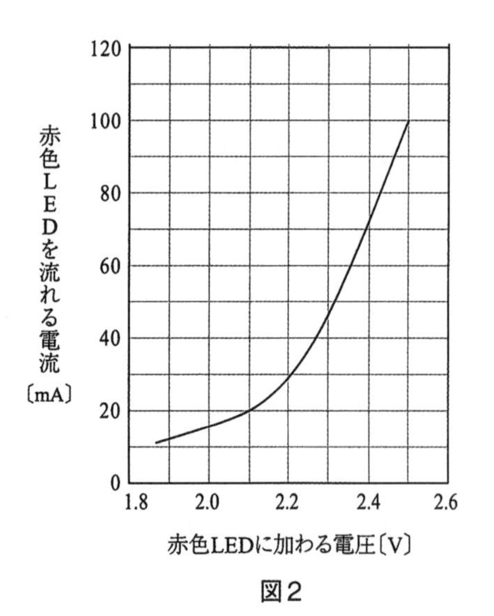

図2

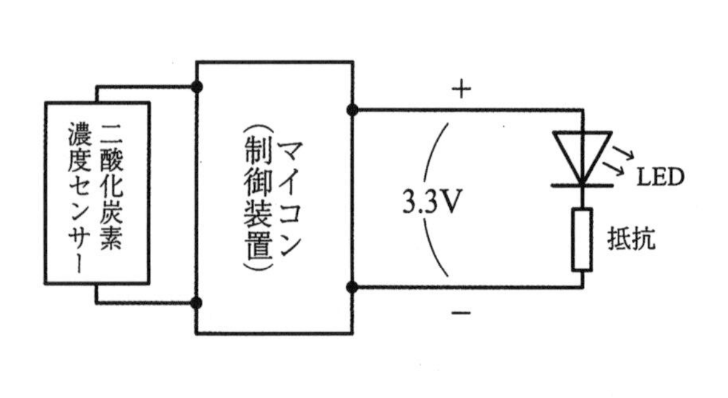

図3

問６　花子さんは，自作した問５の装置を用いて，午前８時15分から一定時間，自分の教室の二酸化炭素濃度がどのように変化するか，測定した。図４は，そのときのデータをグラフにしたものである。この時間における抵抗で発生するおよその熱量を表したい。最も近い値と，適当な単位はそれぞれどれか。数値はアからキの中から，単位はクからシの中から，それぞれ選べ。

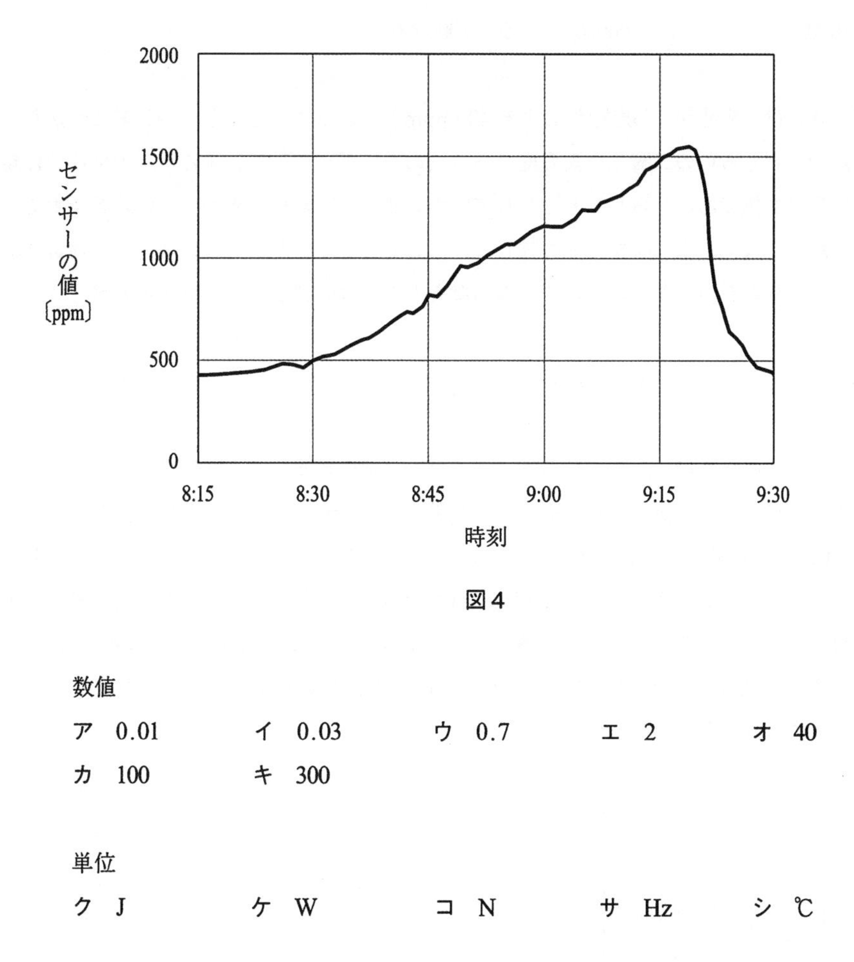

図４

数値

ア　0.01　　イ　0.03　　ウ　0.7　　エ　2　　オ　40

カ　100　　キ　300

単位

ク　J　　ケ　W　　コ　N　　サ　Hz　　シ　℃

（このページ以降は余白です。）

問1　本文と表等から考えて，次の（1）～（3）の英文の（　　　）に入る最も適切なものをア～エの中からそれぞれ一つずつ選びなさい。

（1）The number in（　A　）is（　　　）.

ア　2　　イ　3　　ウ　4　　エ　5

（2）The percent of Friday（　B　）must be（　　　）.

ア　15　　イ　25　　ウ　35　　エ　45

（3）（　　　）is the percent for Saturday（　C　）.

ア　25　　イ　30　　ウ　35　　エ　40

問2　表2の（　P　），（　Q　），（　R　）に対応する組み合わせとして正しい配列のものをア～エの中から一つ選びなさい。

	ア	イ	ウ	エ
(P)	Parents are too tired	Parents are too tired	Children's birthdays	Children's birthdays
(Q)	Children's birthdays	All family members come home too late	All family members come home too late	Parents are too tired
(R)	All family members come home too late	Children's birthdays	Parents are too tired	All family members come home too late

問3　次の英文は，この調査を行ったJudyによるまとめと感想です。（　　　）に入る最も適切なものをア～エの中から一つ選びなさい。

The research says that more than 60 percent of the families who answered the questions eat out when parents come home too late or are too tired. The result also shows that parents worry about the cost of eating at restaurants. If that is true, (　　　　　　).

ア　other members of the family should cook dinner more often
イ　only children should be in good health
ウ　families should eat out more often
エ　families should be in good health

6 次の文章は，英語を母国語としない海外の中学生が英語学習と自分の将来について書いたものです。この英文を読んで，後の問題に答えなさい。

Today, English is used in many fields all over the world. To communicate with people in various countries, for example in business, learning English has become more and more important. However, some of my friends are good at listening and reading English but are not good at speaking or writing. For my future, I want to speak and write it correctly.

I think an effective way of improving my English is to use it everywhere. In school, [1] and I don't think that is enough. For that reason, after school I always try to use English to communicate with my teachers and speak with my friends.

Reading is another way of improving my English. [2]. It's fun to learn new ideas and new expressions. It is valuable to read published materials because I believe they have no mistakes. Through reading, I also have learned how to use English correctly in [3].

Television, the radio, websites, and social media are other good ways to improve my English. I want to speak English as naturally as <u>they</u> speak it on TV and on the radio. [4]. Through these media, we can also link with many new people, and learn about their cultures and their countries.

[5], my mother and grandmother came to this country about 30 years ago. My mother met my father in this town. I want to support my family by buying and selling a lot of things overseas in the future. I study English hard because by using it correctly, I will not make mistakes in business.

My teacher says, "English is a gate to the life, culture, and history of foreign countries." I think that the things I'm learning now will be useful in business, too. So, I will try to do my best to improve my English to be successful in business and to help my family.

I learn English by taking lessons at school, talking to my friends, reading books, and so on. My teacher also says the joy of learning English is everywhere. As for me, I enjoy using "correct" English. I hope we all have fun when we use English.

（注） correctly 正確に　published materials 出版物
social media ネットで交流できる通信サービス　naturally 自然に
media 情報を送受信する媒体　link つながる　～ and so on ～など
as for me 私に関しては　correct 正確な

問1　本文中の空所 [1] に入る最も適切なものを次のア～ウの中から一つ選びなさい。

ア　English is used only when we have English lessons

イ　I cannot speak it faster than other students in English lessons

ウ　we don't know how to use a computer in English lessons

問2　本文中の空所 [2] に入る最も適切なものを次のア～ウの中から一つ選びなさい。

ア　I don't want to go to the library after school

イ　I have read many English books at home and in the library

ウ　The book shop near my school is usually closed at eight o'clock

問3　本文中の空所 [3] に入る最も適切なものを次のア～ウの中から一つ選びなさい。

ア　listening and watching

イ　watching and writing

ウ　speaking and writing

問4　本文中の空所 [4] に入る最も適切なものを次のア～ウの中から一つ選びなさい。

ア　The Internet is not a good way to research new words

イ　The Internet is not a way to make friends or communicate in "natural" English

ウ　Websites and social media are really good ways to learn "natural" written English

問5　本文中の空所 [5] に入る最も適切なものを次のア～ウの中から一つ選びなさい。

ア　By the way

イ　In a few years

ウ　These days

問6　本文中の下線部 they の内容を次のア～ウの中から一つ選びなさい。

ア　the writer's teachers and friends

イ　people speaking English on TV and radio programs

ウ　the writer's mother and grandmother

問7　次のア～ウは本文を読んだ生徒たちが述べた意見ですが，最も適切に内容を理解して述べられたものを一つ選びなさい。

ア　I don't agree with the writer. You should use correct English when you are in business with foreign countries.

イ　According to the writer's opinion, learning English is not only for understanding foreign cultures but also for doing business with foreign countries. I think so, too.

ウ　That's interesting. The writer says that TV and radio are not as important as websites and social media when you learn English.

（このページ以降は余白です。）

(3)　**図2**のように，y 軸上を動く点 P $(0, t)$ $(t > 0)$ がある。

図2

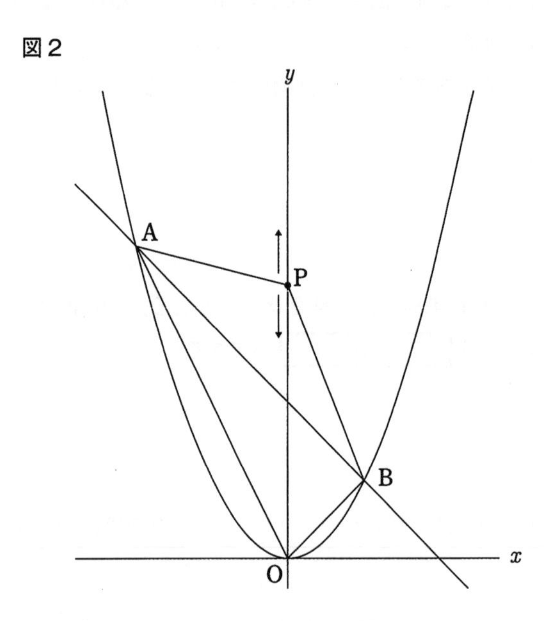

このとき，次の (i)，(ii) に答えなさい。

(i)　四角形 OAPB の面積が 45 となるとき，$t =$ クケ である。

(ii)　$\angle \mathrm{PAB} = \angle \mathrm{OAB}$ となるとき，$t = \dfrac{\boxed{コサ}}{\boxed{シ}}$ である。

3 野菜や果物の皮などの捨てる部分を廃棄部といい，廃棄部を除いた食べられる部分を可食部という。廃棄部に含まれる食物繊維の割合は高く，エネルギーの割合は低い。そのため，可食部に含まれる食物繊維の割合は低く，エネルギーの割合は高い。

ある野菜Aの廃棄部と可食部それぞれの食物繊維の含有量とエネルギーを調べる。このとき，次の各問いに答えなさい。

(1) 廃棄部 40 g あたりの食物繊維の含有量を調べたところ，3.08 g であった。廃棄部における食物繊維の含有量の割合は［ア］.［イ］%である。

(2) 下の表は，野菜Aと可食部それぞれの 100 g あたりの食物繊維の含有量とエネルギーを示したものである。

	食物繊維	エネルギー
野菜A 100 g	3.6 g	45 kcal
可食部 100 g	2.7 g	54 kcal

この表と(1)の結果を用いると，野菜A 200 g における可食部の重さは［ウエオ］g，廃棄部の重さは［カキ］g である。また，廃棄部 100 g あたりのエネルギーは［ク］kcal である。

［計　算　用　紙］

4 図１のように，１辺の長さが２cm の立方体 ABCD-EFGH がある。辺 AD，AB 上にそれぞれ点 I，J があり，AI = AJ = 1 cm である。３点 G，I，J を通る平面でこの立体を切ると，切り口は五角形 IJKGL になる。

図１

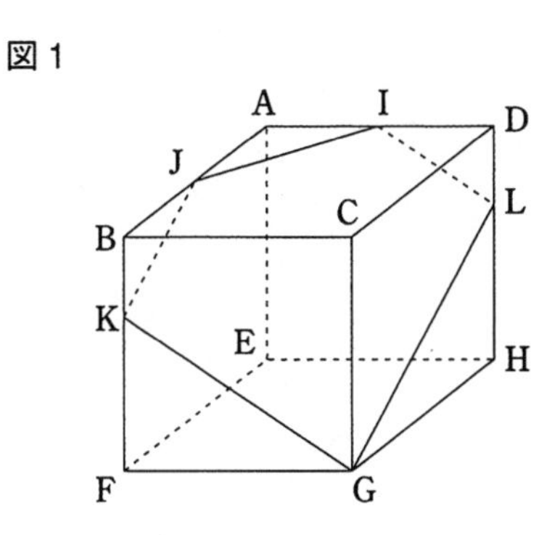

このとき，次の各問いに答えなさい。

(1) 図２はこの立方体の展開図の一部である。図２において，３点 J，K，G は一直線上にあるため，BK = $\frac{\boxed{ア}}{\boxed{イ}}$ cm である。

図２

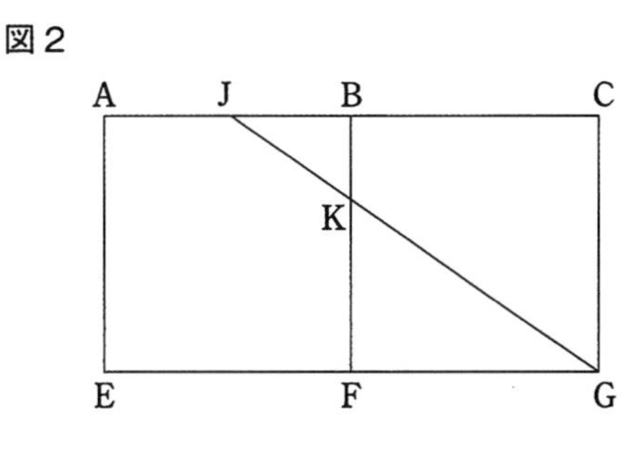

(2) 図3のように，図1の立方体の面ABFEと面AEHDをそれぞれ共有している2つの直方体を考える。ただし，4点M，J，I，Nは一直線上にあるとする。

図3

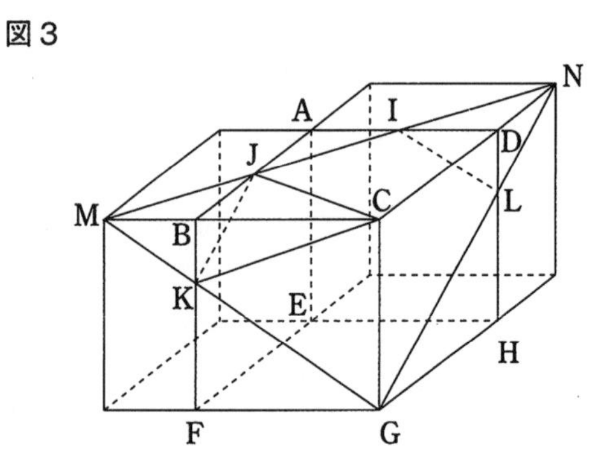

このとき，三角錐G-CMNの体積は［ウ］cm^3であり，三角錐C-BJKの体積は$\dfrac{［エ］}{［オ］}$$cm^3$である。

(3) 図4のように，図1の五角形IJKGLを底面とする五角錐C-IJKGLを考える。五角錐C-IJKGLの体積は$\dfrac{［カ］}{［キ］}$$cm^3$である。

図4

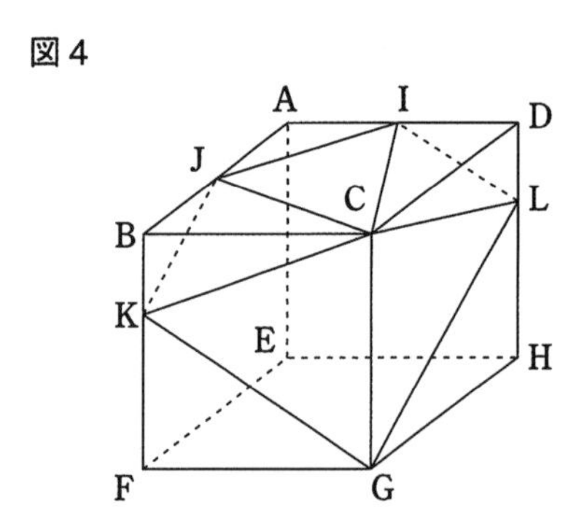

(4) 五角形IJKGLの面積は$\dfrac{［ク］\sqrt{［ケコ］}}{［サ］}$$cm^2$である。

（このページ以降は余白です。）

令和５年度入学者選抜学力検査本試験問題

数　　　学　（50分）

（配　点）	1　40点	2　20点	3　20点	4　20点

（注意事項）

1　問題冊子は指示があるまで開かないこと。

2　問題冊子は１ページから12ページまである。検査開始の合図のあとで確かめること。

3　検査中に問題冊子の印刷不鮮明，ページの落丁・乱丁及び解答用紙の汚れ等に気づいた場合は，静かに手を高く挙げて監督者に知らせること。

4　解答用紙に氏名と受験番号を記入し，受験番号と一致したマーク部分を塗りつぶすこと。

5　解答には，必ずＨＢの**黒鉛筆**を使用すること。なお，解答用紙に必要事項が正しく記入されていない場合，または解答用紙に記載してある「マーク部分塗りつぶしの見本」のとおりにマーク部分が塗りつぶされていない場合は，解答が無効になることがある。

6　一つの解答欄に対して複数のマーク部分を塗りつぶしている場合，または指定された解答欄以外のマーク部分を塗りつぶしている場合は，有効な解答にはならない。

7　解答を訂正するときは，きれいに消して，消しくずを残さないこと。

8　定規，コンパス，ものさし，分度器及び計算機は用いないこと。

9　問題の文中の［アイ］，［ウ］などには，特に指示がないかぎり，負の符号（－）または数字（０～９）が入り，ア，イ，ウの一つ一つは，これらのいずれか一つに対応する。それらを解答用紙のア，イ，ウで示された解答欄に，マーク部分を塗りつぶして解答すること。

例　［アイウ］に
－83と解答するとき

（1）	ア	●	⓪	①	②	③	④	⑤	⑥	⑦	⑧	⑨
	イ	⊖	⓪	①	②	③	④	⑤	⑥	⑦	●	⑨
	ウ	⊖	⓪	①	②	●	④	⑤	⑥	⑦	⑧	⑨

10　解答は解答欄の形で解答すること。例えば，解答が$\frac{2}{5}$のとき，解答欄が［エ］.［オ］ならば0.4として解答すること。

11　分数の形の解答は，それ以上約分できない形で解答すること。例えば，$\frac{2}{3}$を$\frac{4}{6}$と解答しても正解にはならない。また，解答に負の符号がつく場合は，負の符号は，分子につけ，分母にはつけないこと。例えば，$\frac{［カキ］}{［ク］}$に$-\frac{3}{4}$と解答したいときは，$\frac{-3}{4}$として解答すること。

12　根号を含む形で解答する場合，根号の中に現れる自然数が最小となる形で解答すること。例えば，$4\sqrt{2}$を$2\sqrt{8}$と解答しても正解にはならない。

問7 本文中に、(4)そのこと とあるが、どういうことか。その説明として最も適当なものを、次のアからエまでの中から一つ選べ。

ア 農業生産力が高い時期と、縮小に転じた時期とでは必要な対処が異なるため、それぞれの時期に応じた適切な対応が必要だということ。

イ 他国と闘う中世と、市場での競争が求められる近世とでは必要な対策が異なるため、それぞれの時期に応じた政策が必要だということ。

ウ 気候変動と人間社会との間には、長年続いた複雑な関係があるため、気候変動への適切な対応には歴史的知識が必要であるということ。

エ 社会の為政者と構成員とでは、状況に応じて取るべき対処がそれぞれ異なるため、日頃から両者の密接な連携が必要であるということ。

問8 本文中に、(5)平時における環境悪化・災害発生への備え・適応力が問われている とあるが、それはなぜか。その理由として最も適当なものを、次のアからエまでの中から一つ選べ。

ア 日常生活の中で人々がどんな心理に陥りやすいか想定しておくことで、緊急時に取るべき対策を決める手がかりを得ることができ、社会の復元力を高めることができるから。

イ 災害が起きた後に社会はどう対応したかではなく、災害が起きる前に社会は災害にどう備えていたかを問題点とすることが、気候適応史研究を特徴づけている視点であるから。

ウ 日頃から自然災害や気候の変動を正確に観測し、大規模な被害につながるすべての可能性を想定しておくことで、被害が起きた後早急に復興をはかることが可能となるから。

エ 気候の悪化や自然災害に伴って起きる大規模な社会の混乱を防ぐには、自然災害や環境変動が起きた後の対策だけでは十分でないことが、これまでの歴史で明らかであるから。

3

次の文章を読んで、後の問いに答えよ。

母子家庭に育った大学生の「僕」は、気象学が専門の藤巻(ふじまき)先生の研究室に入った。先生の依頼で先生の息子和也(かずや)の家庭教師になったが、和也は研究熱心な父には似ず、勉強が嫌いで集中できない。ある日藤巻家の夕食会に招かれた僕は、和也の勉強を見た後和也と和室に向かうが、縁側に座り一心に空を見上げる先生は、和也の呼びかけに応えない。先生は食事中も時折外へ目をやるなどして、あまり熱心には会話に加わろうとしなかった。

「ねえ、お父さんたちは天気の研究をしてるんでしょ。」

和也が箸をおき、父親と僕を見比べた。

「被害が出ないように防げないわけ?」

「それは難しい。」
藤巻先生は即座に答えた。
「気象は人間の力ではコントロールできない。雨や風を弱めることはできないし、雷も竜巻もとめられない。」
「じゃあ、なんのために研究してるの？」
和也がいぶかしげに眉根を寄せた。
「知りたいからだよ。気象のしくみを。」
「知っても、どうにもできないのに？」
「どうにもできなくても、知りたい。」
「もちろん、まったく役に立たないわけじゃないですしね。」
僕は見かねて口を挟んだ。
「天気を正確に予測できれば、前もって手を打てるから。家の窓や屋根を補強するように呼びかけたり、住民を避難させたり。」
「だけど、家は流されちゃうんだよね？」
「まあでも、命が助かるのが一番じゃないの。」
奥さんもとりなしてくれたが、和也はまだ釈然としない様子で首をすくめている。
「やっぱり、おれにはよくわかんないや。」
「わからないことだらけだよ、この世界は。」
先生がひとりごとのように言った。
「だからこそ、おもしろい。」

一時はどうなることかとはらはらしたけれど、それ以降は和也が父親につっかかることもなく、食事は和やかに進んだ。鰻（うなぎ）をたいらげた後、デザートには西瓜（すいか）が出た。
話していたのは主に、奥さんと和也だった。僕の学生生活についていくつか質問を受け、和也が幼かった時分の思い出話も聞いた。
中でも印象的だったのは、絵の話である。

朝起きたらまず空を観察するというのが、藤巻先生の長年の日課だという。晴れていれば庭に出て、雨の日には窓越しに、とっくりと眺める。そんな父親の姿に、幼い和也はおおいに好奇心をくすぐられたらしい。よちよち歩きで追いかけていっては、並んで空を見上げていたそうだ。熱視線の先に、なにかとてつもなくおもしろいものが浮かんでいるはずだと思ったのだろう。

「お父さんのまねをして、こう腰に手をあてて、あごをそらしてね。今にも後ろにひっくり返りそうで、見ているわたしはひやひやしちゃって。」

奥さんは身ぶりをまじえて説明した。本人は覚えていないようで、首をかしげている。

「それで、後で空の絵を描くんですよ。お父さんに見せるんだ、って言って。親ばかかもしれないですけど、けっこうな力作で……そうだ、先生にも見ていただいたら?」

「親ばかだって。子どもの落書きだもん。」

照れくさげに首を振った和也の横から、藤巻先生も口添えした。

「いや、わたしもひさしぶりに見たいね。あれはなかなかたいしたものだよ。」

「へえ、お父さんがほめてくれるなんて、珍しいこともあるもんだね。」

冗談めかしてまぜ返しつつ、和也はまんざらでもなさそうに立ちあがった。

「あれ、どこにしまったっけ?」

「あなたの部屋じゃない?　納戸(注1)(なんど)か、書斎の押し入れかもね。」

奥さんも後ろからついていき、僕は先生とふたりで和室に残された。

「先週貸していただいた本、もうじき読み終わりそうです。週明けにでもお返しします。」

なにげなく切り出したところ、(1)先生は目を輝かせた。

「あの超音波風速温度計は、実に画期的な発明だね。」

超音波風速温度計のもたらした貢献について、活用事例について、今後検討すべき改良点について、堰(せき)を切ったように語り出す。

お絵描き帳が見あたらなかったのか、和也たちはなかなか帰ってこなかった。その間に、先生の話は加速度をつけて盛りあがった。ようやく戻ってきたふたりが和室の入口で顔を見あわせているのを、僕は視界の端にとらえた。自分から水を向けた手前、(a)話の腰を折るのもためらわれ、どうしたものかと弱っていると、スケッチブックを小脇に抱えた和也がこちらへずんずん近づいてきた。

「お父さん。」

うん、と先生はおざなりな生返事をしたきり、見向きもしない。
「例の、南西諸島の海上観測でも役に立ったらしい。船体の揺れによる影響をどこまで補正できるかが課題だな。」
「ねえ、あなた。」
奥さんも困惑顔で呼びかけた。
と、先生がはっとしたように口をつぐんだ。僕は胸をなでおろした。たぶん奥さんも、それに和也も。
「ああ、スミ(注2)。悪いが、紙と鉛筆を持ってきてくれるかい。」
先生は言った。和也が踵(きびす)を返し、無言で部屋を出ていった。
おろおろしている奥さんにかわって、自室にひっこんでしまった和也を呼びにいく役目を僕が引き受けたのは、少なからず責任を感じたからだ。父親に絵をほめられたときに和也が浮かべた表情を、僕は見逃していなかった。雲間から一条の光が差すような、笑顔だった。いつだって陽気で快活で、いっそ軽薄な感じさえする子だけれど、あんな笑みははじめて見た。
「花火をしよう。」
ドアを開けた和也に、僕は言った。
「おれはいい。先生がつきあってあげれば？　そのほうが親父も喜ぶんじゃない？」
和也はけだるげに首を振った。険しい目つきも、ふてくされたような皮肉っぽい口ぶりも、ふだんの和也らしくない。僕は部屋に入り、後ろ手にドアを閉めた。
「まあ、そうかっかするなよ。」
藤巻先生に悪気はない。話に夢中になって、他のことをつかのま忘れてしまっていただけで、息子を傷つけるつもりはさらさらなかったに違いない。
「様子を見てきます。」と僕が席を立ったときも、なにが起きたのか(b)腑(ふ)に落ちない様子できょとんとしていた。
「別にしてない。」
和也はなげやりに言い捨てる。
「昔から知ってるもの。あのひとは、おれのことなんか興味がない。」
(2)腕組みして壁にもたれ、暗い目つきで僕を見据えた。
「でも、おれも先生みたいに頭がよかったら、違ったのかな。」

「え?」

「親父があんなに楽しそうにしてるの、はじめて見たよ。いつも家ではたいくつなんだろうね。おれたちじゃ話し相手になれないもんね。」

うつむいた和也を、僕はまじまじと見た。(3)妙に落ち着かない気分になっていた。胸の内側をひっかかれたような。むずがゆいような、ちりちりと痛むような。

唐突に、思い出す。

状況はまったく違うが、僕もかつて打ちのめされたのだった。自分の親が、これまで見せたこともない顔をしているのを目のあたりにして。母に恋人を紹介されたとき、僕は和也と同じ十五歳だった。こんなに幸せそうな母をはじめて見た、と思った。

「どうせ、おれはばかだから。親父にはついていけないよ。さっきの話じゃないけど、なにを考えてるんだか、おれにはちっともわかんない。」

僕は小さく息を吸って、口を開いた。

「僕にもわからないよ。きみのお父さんが、なにを考えているのか。」

和也が探るように目をすがめた。僕は机に放り出されたスケッチブックを手にとった。

「僕が家庭教師を頼まれたとき、なんて言われたと思う?」

和也は答えない。身じろぎもしない。

「学校の成績をそう気にすることもないんじゃないか、ってお父さんはおっしゃった。得意なことを好きにやらせるほうが、本人のためになるだろうってね。」

色あせた表紙をめくってみる。ページ全体が青いクレヨンで丹念に塗りつぶされている。白いさざ波のような模様は、巻積雲(けんせきうん)(注3)だろう。

「よく覚えてるよ。意外だったから。」

次のページも、そのまた次も、空の絵だった。一枚ごとに、空の色も雲のかたちも違う。確かに力作ぞろいだ。

「藤巻先生はとても熱心な研究者だ。もしも僕だったら、息子も自分と同じように、学問の道に進ませようとするだろうね。本人が望もうが、望むまいが。」

僕は手をとめた。開いたページには、今の季節におなじみのもくもくと不穏にふくらんだ積雲(注4)が、繊細な陰翳(いんえい)までつけて描かれている。

「(4)わからないひとだよ、きみのお父さんは。」

わからないことだらけだよ、この世界は——まさに先ほど先生自身が口にした言葉を、僕は思い返していた。

だからこそ、おもしろい。

僕と和也が和室に戻ると、先生は庭に下りていた。どこからかホースをひっぱってきて、足もとのバケツに水をためている。奥さんが玄関から靴を持ってきてくれて、僕たち三人も庭に出た。

縁側に、手持ち花火が数十本も、ずらりと横一列に並べてある。長いものから短いものへときれいに背の順になっていて、誰がやったか一目瞭然だ。色とりどりの花火に、目移りしてしまう。

どれにしようか迷っていたら、先生が横からすいと腕を伸ばした。向かって左端の、最も長い四本をすばやくつかみ、皆に一本ずつ手渡す。

「花火奉行(ぶぎょう)なんだ。」

和也が僕に耳打ちした。

花火を配り終えた先生はいそいそと庭の真ん中まで歩いていって、手もとに残った一本に火をつけた。先端から、青い炎が勢いよく噴き出す。和也も父親を追って隣に並んだ。ぱちぱちと燃えさかる花火の先に、慎重な手つきで自分の花火を近づける。火が移り、光と音が倍になる。

僕と奥さんも火をもらった。四本の花火で、真っ暗だった庭がほのかに明るんでいる。昼間はあんなに暑かったのに、夜風はめっきり涼しい。虫がさかんに鳴いている。

ゆるやかな放物線を描いて、火花が地面に降り注ぐ。(5)軽やかにはじける光を神妙に見つめる父と息子の横顔は、よく似ている。

（瀧羽麻子(たきわあさこ)『博士の長靴』による）

（注1）納戸＝普段使わない家具や食器などをしまっておく物置用の部屋。　（注2）スミ＝藤巻先生の奥さんの名前。

（注3）巻積雲＝うろこ状、またはさざ波のように広がる雲。いわし雲。　（注4）積雲＝晴れた日によく見られる、白いわたのような雲。綿雲。

問1　本文中の、(a)話の腰を折る、(b)腑に落ちないの意味として最も適当なものを、次のアからエまでの中から一つずつ選べ。

(a)　ア　話の途中でその場から離れる　　イ　話の途中を省略して結論を急ぐ

　　ウ　話の途中で急に口を閉ざす　　エ　話の途中で言葉を挟んで妨げる

(b)　ア　想像できない　　イ　納得いかない　　ウ　信じられない　　エ　気に留めない

問2　本文中に、(1)先生は目を輝かせた。とあるが、それはなぜか。その理由として最も適当なものを、次の**ア**から**エ**までの中から一つ選べ。

ア　貸していた本を返してもらえるのがうれしかったから。

イ　今関心を寄せている学問の話ができると期待したから。

ウ　ふたりになったところで急に話しかけられ驚いたから。

エ　退屈だったのが自分だけでないとわかり安心したから。

問3　本文中の破線部の場面について話し合っている次の会話文の［Ⅰ］に当てはまるものを、次の**ア**から**エ**までの中から一つ選べ。

生徒1　「先生はおざなりな生返事をしたきり、見向きもしない。」とあるけれど、どうしてだろう。先生は和也の絵をひさしぶりに見たい、と言っていたのに。

生徒2　僕と本の話をしているうちに、和也の絵の話は忘れてしまったんじゃないかな。超音波風速温度計の話を続けようとしているもの。

生徒3　こんなふうに自分の世界に入り込んでしまうと周りはついていけないよね。「奥さんも困惑顔で呼びかけた。」とあるよ。

生徒1　でも、「先生がはっとしたように口をつぐんだ。」とあるから、さすがの先生もすぐに事態に気づいたようだね。

生徒2　そうだね。周りもほっとしただろうね。「僕は胸をなでおろした。たぶん奥さんも、それに和也も。」とも書かれているよ。

生徒3　ちょっと待って。先生は「ああ、スミ。悪いが、紙と鉛筆を持ってきてくれるかい。」って言っているんだから、先生がはっとしたように口をつぐんだのは、［Ⅰ］

生徒1　そうか。それで和也は「踵を返し、無言で部屋を出ていった。」わけか。この親子の関係は、あまりうまくいっていないみたいだね。

ア　僕のために雲の絵を解説してあげたいという気持ちがあって、それには紙と鉛筆が必要だと思ったからじゃないかな。

イ　奥さんの声を聞いて、今自分がいるのは大学の研究室じゃなくて自宅の和室だってことに気づいたからじゃないかな。

ウ　学問についてふと頭に思い浮かんだことがあって、忘れないうちにそれをメモしておこうと思ったからじゃないかな。

エ　和也の絵に雲の名前を書いていないところがあって、書き足そうと思っていたのを急に思い出したからじゃないかな。

問4　本文中に、(2)腕組みして壁にもたれ、暗い目つきで僕を見据えた。とあるが、このときの和也の気持ちの説明として最も適当なものを、次の**ア**から**エ**までの中から一つ選べ。

ア　父親の求めで絵を探しに行ったのに結局は無視されて、いつも周囲を振り回す父親の身勝手さを改めて思い知らされ、嫌気がさしている。

イ　せっかく父親が自分の絵に関心を向けてくれたのにわざと学問の話を始め、父親の関心を奪っていった僕に対し、強い反感を抱いている。

ウ　息子の絵のことなど忘れ、僕を相手に夢中で学問の話をする父親の姿に、やはり父親は自分に関心を向けてくれないと感じ落胆している。

エ　家庭教師の僕がもう少し熱心に教えてくれれば成績が上がり、父親の関心が自分に向くようになるはずなのにと思い、僕を非難している。

問5　本文中に、(3)妙に落ち着かない気分になっていた。とあるが、なぜか。その理由として最も適当なものを、次の**ア**から**エ**までの中から一つ選べ。

ア　父親との親子関係をなかなかうまく築けない不満と焦りでいらだつ和也を見て、その原因の一端が自分の存在にあるのではないかと疑い始めているから。

イ　今まで見たこともないほど楽しそうにしている父親の姿に傷つく和也を見て、自分がかつて親に対して抱いた思いが呼び覚まされそうになっているから。

ウ　学校の成績に劣等感を抱いて落ち込む和也を見て、家庭教師の自分が勉強を十分に見てはこなかった結果だと思って打ちのめされそうになっているから。

エ　楽しそうな父親の姿に驚いている和也を見て、学問の話題が二人を隔てていることに気づき、先生と和也の仲を取り持たなくてはと思い始めているから。

問6　本文中の、(4)「わからないひとだよ、きみのお父さんは。」という僕の発言の意図として最も適当なものを、次の**ア**から**エ**までの中から一つ選べ。

ア　先生は不器用ながらも先生なりに息子のことを考えていると、和也にそれとなく気づかせようとすると同時に、物事も人もわからないからこそおもしろく、向き合う価値もあるのだと伝えようとしている。

イ　わからないからこそ世界はおもしろいのだと考え、役に立ちそうもない気象の研究に一心に打ち込む父親を見習って、役には立たないかもしれないが和也には絵の道に進んでほしいと伝えようとしている。

ウ　熱心な研究者であるなら息子にも学問をさせたいと考えるのが普通なはずなのに、息子には得意なことを好きにやらせたいと考える先生が僕にもわからず、自分も和也と同感であると伝えようとしている。

エ　僕自身も先生がどういう人なのか今でもよくわからないが、それでも学問の師として尊敬しており、たとえ父親のことがわからなくても息子として和也も父親を敬うべきではないかと伝えようとしている。

問7　本文中に、(5)軽やかにはじける光を神妙に見つめる父と息子の横顔は、よく似ている。とあるが、この一文の表現効果の説明として、最も適当なものを、次の**ア**から**エ**までの中から一つ選べ。

ア　共通の趣味である花火を、父と協力して楽しむ和也の横顔が父親と似ていると言及することで、今の先生と和也は似た者同士であるからこそ仲が悪いが、近いうちに何らかのきっかけで仲直りするだろうということを暗示する効果。

イ　隣に並んで花火をしてはいるが、場を取り仕切る父親に嫌悪感を抱く和也の横顔が父親と似ていると言及することで、先生と似ているからこそ和也の反発は根深く、簡単に打ち解けることなどできないということを暗示する効果。

ウ　父親と一緒に花火に夢中になって、日頃の対立を解消した和也の横顔が父親と似ていると言及することで、和也は父親に反抗するあまり勉強から逃げていたが、将来父親と同じく学問に夢中になるはずだということを暗示する効果。

エ　父に火をもらい、一緒に花火をしている和也の横顔が父親と似ていると言及することで、先生と和也の親子関係が現状では必ずしもうまくいってはいないとしても、親子としてのきずなで結ばれているということを暗示する効果。

束の間の静寂。気づけばまた、プランクトンとして生まれている。そして、クジラの餌になる。永遠にその繰り返し。最高だ。

生徒2　本文には「わたしの息苦しい日常」とあるし、この文章には「自分の意思や力で泳いだりしなくていい。」「クジラの餌になる。永遠にその繰り返し。最高だ。」ともあるから、プランクトンになって「海に還る」というのは、日常からの現実逃避なんじゃないかな。

生徒1　じゃあ、「だがもうわたしは、プランクトンではない。」っていうのは、「わたし」の心境に何か変化があったってことだね。

生徒2　網野先生からクジラの歌や、人間には想像できないようなクジラの知性や精神の話を聞いた後では、空想の「わたし」はプランクトンじゃなく、自分の姿でクジラと泳いでいるよ。

生徒3　クジラが暗く、冷たい海で一人静かに深く考えごとをしていると知って、自分と似たものを感じたのかもしれないね。この場面では、そのままクジラと別れて、人間の姿で海面に上がってきているから、「わたし」は最後には［ Ⅰ ］と感じられるようになったんじゃないかな。

生徒2　そうか、だからもう「還る海をさがす」必要はない、っていうことなんだね。

ア　空想に頼ってばかりいなくても、いつか誰かが自分を助けてくれると信じて生きていける

イ　現実に傷ついてばかりいなくても、嫌なことを全て忘れることで心地よく生きていける

ウ　空想に逃げ込んでばかりいなくても、自分なりに現実と向き合いながら生きていける

エ　現実にこだわってばかりいなくても、自分が本当に望むことを空想しながら生きていける

一つ選べ。

ア ヒトが発達させてきた外向きの知性では思いもよらないことを、クジラが内向きの知性で考え続けてくれている、と感じられたから。

イ クジラとともに海へ潜る想像をすることで、ヒトとはまったく違うクジラの思考に触れ、その印象を深く心に刻むことができたから。

ウ 海で泳ぐクジラたちの音の世界に包まれることで、謎だった歌の意味を理解することができ、全身が震えるほどの感動を覚えたから。

エ 妄想の世界とはいえ、自分の息が続くかぎり静かな深い海のなかをクジラと自由に泳ぎまわって、この上ない満足感を得られたから。

問6 本文中に、(5)この子には、世界をありのままに見つめる人間に育ってほしい。とあるが、「わたし」は娘の将来にどんなことを期待しているか。その説明として最も適当なものを、次の**ア**から**エ**までの中から一つ選べ。

ア 世間からの様々な評価にとらわれず、信念をもって自分の道を進んでいくこと。

イ 自分の好きなことに打ち込み、綿密な調査を重ねて自然の真理を発見すること。

ウ 自分の目に映った世界の姿を、作品として正確に写し取る芸術家になること。

エ 目の前の世界で自分にできることにめぐりあい、それを生かして生きていくこと。

問7 本文中の、(6)還る海をさがすことは、もうないだろう。という表現について、それがどういうことを表しているか、生徒たちが話し合っている。会話文の **I** に当てはまるものを、次の**ア**から**エ**までの中から一つ選べ。

生徒1 「わたし」は、空想の世界に入り込むことが多いみたいだね。網野先生の話を聞きながら「わたしの意識は、海へと潜っていった。」とあるから、ここは海へ潜る空想をしているんだね。

生徒2 すぐ後で「だがもうわたしは、プランクトンではない。」とも言っているけど、どういうことだろう。

生徒3 この本文より前の部分に、こんな記述があったよ。

　プランクトンもいいな、とふと思った。

　わたしが海に還るとすれば、の話だ。

　深海魚、あるいは貝もいいと思っていたが、プランクトンが一番いいかもしれない。

　プランクトンに生まれて、海中を漂う。自分の意思や力で泳いだりしなくていい。ただ潮の流れに任せるだけ。喜びもないけれど、苦痛もない。生きていると実感することもないだろうが、それは今も同じだ。

　そのうちに、巨大な影が近づいてくる。シロナガスクジラだ。あっという間に飲み込まれる。